Ephraïm Kouakou

Céline N'DYA

Ephraïm Kouakou

Céline N'DYA

Éditions Muse

Imprint

Cover image: www.ingimage.com

Publisher:
Éditions Muse
is a trademark of
Dodo Books Indian Ocean Ltd. and OmniScriptum S.R.L publishing group

120 High Road, East Finchley, London, N2 9ED, United Kingdom
Str. Armeneasca 28/1, office 1, Chisinau MD-2012, Republic of Moldova, Europe
Printed at: see last page
ISBN: 978-620-4-97100-1

TABLE DES MATIÈRES

AVANT PROPOS

Une forte pensée et un amour profond envers le peuple Sénégalais. Une œuvre en mémoire des habitants, des villes et villages, de l'histoire et de la culture sénégalaise. À Sow Philippe, Sow Aliou, Deme Ramatou ainsi qu'à toutes mes connaissances sénégalaises.

"Céline N'dya" est la vôtre (votre œuvre), en souvenir de la cohésion sociale entre nos deux peuples.

LA DÉCISION

Tout était prêt. J'attendais seulement la bénédiction des parents pour quitter la ville de Bouaké et continuer les études à Abidjan. Mais à la grande surprise, j'ai été interpellé par ma tante Alima qui vit au Sénégal. C'est une tante incroyable, qui ferait tout pour moi, il suffit de lui demander. Elle m'aidait à payer ma scolarité jusqu'à ce que j'obtienne le baccalauréat. Son désir est que je parte étudier à Dakar. Dakar est une ville formidable, l'une des meilleures de la sous région et partir à Dakar serait un moyen de me reconnecter à mes origines, ma culture sénégalaise. Ce qui m'intrigue, c'est que je suis la seule à être informée au détriment de mes géniteurs. Ces derniers ont souhaité que je continue mes études en Côte d'Ivoire, soit dans une université publique ou privée parce que j'avais la nationalité ivoirienne. Personnellement mon but serait de continuer à l'institut Internationale Polytechnique des Élites d'Abidjan, j'ai entendu parler de cet établissement auprès des amis et les services fournis par cette école sont remarquables. En réalité, je ne savais pas pourquoi ma tante avait résolu de me voir à Dakar la prochaine année académique sans consulter mes parents.

J'eus postulé des bourses d'études délivrées par l'ambassade de France et aussi de la Suisse. Mon rêve s'est d'être un jour une avocate renommée, avoir mon propre cabinet juridique et subvenir aux besoins des femmes vulnérables auprès des organisations non gouvernementales. Je participais même à des conférences sur la lutte contre la violence faite aux femmes ainsi que d'autres. C'est ce que j'étais en train d'écrire sur mon blog jusqu'à ce que je reçoive un mail, indiquant que j'ai été sélectionné à la candidature de la bourse d'étude délivrée par l'ambassade de Suisse, direction à l'université de Genève. J'étais en même temps surprise, étonné et contente au point de me poser la question : Dakar, Abidjan ou Genève ? Je ne sus que faire ou à quoi penser.

À peine sortie de la chambre, je reçois un appel de ma tante ; Bonjour Céline et comment vas-tu ?

- Bien tante !

- La famille va bien, j'espère ?

- Nous allons tous bien. Et chez toi tante ?

- Parfaite santé. As-tu déjà informé tes parents à propos de ma décision ?

- Non, Tante ! Je croyais que tu le ferais toi-même ?

- Moi, j'ai cru que tu l'avais fait. Bon bref, je vais le faire. Car il s'agit de toi et de ton avenir.

- Ne suis-je pas assez grande pour décider ?

- Je sais que tu t'en soucies, mais ne t'en fais pas. Ici à Dakar, tu vas te reconnecter à tes origines, avoir des amis...

- En parlant ma tante, j'ai été sélectionné à un programme de bourse d'étude à Genève en Suisse. Qu'en penses-tu tante ?

- Je pense que tu as perdu la tête en postulant. As-tu une famille là-bas ? Penses-tu que tes parents ont les moyens nécessaires pour couvrir tes frais ? Soit, tu restes à Abidjan où tu me rejoins ici à Dakar.

- Ok tante, mais peut-être que c'est une bourse financée ?

- Peu importe. Moi, je souhaite que tu restes près de ta famille, c'est sûr et rassurant. Bonne Journée à toi, je salue la famille.

- Ok tante. Bonne Journée à toi !

Je rejoignis ma mère au salon, mon père était déjà parti. Je commençai à lui demander de m'orienter vis-à-vis de la situation. Ma Mère était émue d'apprendre que j'avais obtenu une bourse d'étude. Elle me dit :

Tu sais Céline, je suis heureuse pour toi, mais la famille est la priorité. Compte tenu de la situation familiale, je ne suis pas aussi certaine que nous puissions subvenir à tes frais universitaires ainsi que tes besoins quand tu seras de l'autre côté. J'aimerais bien te voir dans cette école de la Capitale, à l'institut Internationale Polytechnique des Élites d'Abidjan, mais aller à Dakar n'est pas aussi une mauvaise idée. Une autre manière de te ressourcer. De surcroît, tu seras chez ta tante, une de la famille. La décision t'appartient ! Je ne dirai pas quelque chose qui peut nuire à ton avenir, c'est donc à toi de voir.

- Ok Maman ! Je vous ferai part de ma décision au dîner.

- On espère bien ! Dit-elle.

Céline N'dya est une jeune fille de dix-huit ans qui a peu d'épaisseur et d'un teint qui est la plus sombre des couleurs. Très belle et intelligente, élancée et déterminée, elle est la seule fille et unique enfant de ses parents. Elle a toute la vie devant elle. Sa détermination l'empêche d'avoir une fréquentation nuisible, mais plutôt satisfaisante. Elle a une très bonne relation avec ses parents, ils l'écoutent quand il le faut et elle aussi. Il y a une très bonne communication entre eux.

Avant le retour de son père, Céline N'dya avait consacré sa journée à en savoir plus sur la bourse d'étude délivrée par l'ambassade de Suisse. Il s'avère que la bourse d'étude est financée. Après un long moment d'échange avec son l'interlocuteur, celui-ci la mit en contacte avec l'un des spécialistes, agent de l'université de Genève. C'était un docteur en sociologie générale. Ils échangeaient beaucoup et elle profitait de l'occasion pour lui faire savoir sa situation. Elle avait jugé bon de continuer ses études à Genève. Car celui-ci lui a parlé des avantages et qu'elle peut se trouver de multiples services qui pourraient subvenir à ses besoins. Tout souriait à Céline vis-à-vis des avantages.

Au dîner, elle exposa la situation et sa décision finale si ça tenait qu'à elle. Son père ne trouva aucun inconvénient et soutenait sa fille. À l'opposé, sa mère se souciait non seulement de sa vie là-bas et ne voulait en aucun cas être déçue par sa sœur, Alimata. Pour elle, après tout ce sacrifice que cette dernière a fait pour sa nièce, sa fille Céline, durant son parcours scolaire, la meilleure solution serait d'aller à Dakar. Deux voix contre une l'obligent à accepter la décision de sa fille. Son père décida dès le lendemain de commencer le processus jusqu'à l'acquisition du visa. Céline, étant la plus heureuse, supplia sa mère d'informer sa tante.

Après quelques jours, tous les documents demandés étaient prêts. J'avais terminé les courses, je m'étais à prêter, j'attendais encore la bénédiction des parents et le jour où je quitterai la maison pour Genève.

Ce soir-là, ma mère était vraiment triste. On aurait dit qu'elle avait perdu une personne très importante de sa vie. Elle entra dans ma chambre, s'assit et me raconta une histoire.

- Céline, il y avait ce jour-là, à la maternité des animaux, tous les nouveaux nés de chaque espèce animalière. Alors le roi lion profita de la situation pour leur souhaiter la bienvenue dans la jungle. Après ces paroles du roi, chacune des mères récupérait son petit. Il y avait cette affection qui régnait dans les cœurs jusqu'à ce qu'une mère cria d'une voix si forte. Car elle ne retrouvait son petit. Alors le roi décida que tous les animaux se mettent à la recherche de cet animal. C'était un éléphanteau. Dès jours, des semaines, des mois et même des années se sont écoulées. Cette mère a vécu pendant des années avec cette douleur, cette tristesse que son premier et unique petit n'était près d'elle. Peut-être qu'il est mort ? Ou qu'il est parti pour toujours ? Sûrement qu'il viendra juste après ma mort ? Cette mère se posa toutes ces questions durant des années...

Céline, promets-moi que je ne vais pas souffrir comme cette mère ? Dit-elle.

- Non, mère ! Je te le promets.

- Écoute bien Céline, tu es en même temps la plus heureuse et la plus stressée. Nous, c'est-à-dire moi et ton père, ne sommes en aucun cas responsables de ta décision. Tu es l'auteure de tout ce qui se passe dans ta tête, ne soit donc pas surprise d'être perturbée. Nous te soutenons et nous savons que la finalité est ton rêve, celle d'être une avocate renommée. Laisse-moi te dire que je crois en ta détermination, ta maturité et ta responsabilité, l'âge n'est qu'un chiffre. Tu as toujours été remarquable et excellente, crois donc en toi, mets tes compétences sur le terrain parce que les défis, tu en as assez vu et défié. La vie est rose souvent et devient sombre après à peine de voir nos ombres.

Seul le courage augure la victoire quelles que soient les difficultés. La Suisse ou la Côte d'Ivoire, la Côte d'Ivoire ou le Sénégal et le Sénégal ou la Suisse, la différence, c'est la dénomination de ces États, l'appellation des habitants, la culture et le climat. La vie est pareille et les défis, tu vas en trouver partout. Tu es ce que tu vas devenir, soit un modèle en Suisse, marque toujours la différence. Demain, tu iras, pour le lendemain, on ne sait pas. Passe une agréable nuit. Je t'aime !

- Merci Maman, je t'aime aussi.

Le lendemain, après avoir embrassé sa mère, fut accompagnée par son père à la gare pour Abidjan.

Assise sur un banc de la gare, elle observa le monde qui était présent. Pendant que certaines personnes sont les bienvenues, on souhaitait à d'autres une bonne arrivée. Il y avait un homme d'une haute taille, svelte et noir qui était avec sa femme et sa fille. Il se dirigea vers le comptoir pour payer leurs tickets de voyage tandis qu'elles venaient s'asseoir près de moi. Après quelques minutes, cet homme sortait du comptoir avec plus de quinze tickets, en retirant trois, il vendait le reste des tickets aux voyageurs. Il vendait les tickets en ajoutant un pourcentage, il se faisait un profit.

Je commençai à sourire en tournant la tête vers sa femme, elle comprit et se mit à m'expliquer.

- Tu sais mon enfant, c'est un moyen très fiable pour avoir de l'argent. Imaginons que tous ces tickets sont vendus, il gagne et permet aux autres d'éviter le rang et s'en procurer très vite des tickets.

- Je vois. Mais est-ce que ce système n'est pas interdit ?

- Non, je ne pense pas. Car la compagnie gagne plus. Imaginons encore que les douze tickets n'ont pas été achetés, la compagnie ne perd rien, mais plutôt le vendeur.

Ils finissent par prendre le car. Arrivée à Yamoussoukro, Céline faisait quelques achats et s'acheta de la nourriture. Elle arriva à l'aéroport international d'Abidjan à 15 h. Après avoir vérifié les papiers, deux hommes s'approchèrent d'elle et lui dirent qu'elle devrait effectuer un vol privé. Elle vérifia ses documents et vit qu'il n'y avait rien de privé. Elle voulait se retirer d'eux sans attirer l'attention, dommage, elle vit aussitôt qu'ils étaient armés et qu'ils n'avaient l'air des agents de police. Elle eut peur et les suivit. L'un avait pris son téléphone ainsi que toutes ses pièces l'identifiant et l'autre s'était occupé des bagages. Ils l'avaient embarqué sans même lui dire la raison. Elle se sentit donc menacée et effrayée, s'inquiétant, ils finissent par la droguer. Quelques heures plus tard, ils arrivèrent à Dakar, toujours dans le somnifère, ils la conduisirent au domaine de sa tante ; c'était une remarquable maison.

LE DÉTECTIVE

Deux jours passés et aucune nouvelle de Céline. Les parents de Céline ainsi que le professeur Philippe, l'homme avec qui elle a échangé récemment à propos de la bourse d'étude délivrée par l'ambassade de Suisse, s'étaient mis à en savoir sur la disparition de Céline. D'après les informations de l'aéroport international d'Abidjan, il s'avère que Céline, bien qu'elle ait été enregistrée, n'a pas effectué le vol, alors les questions fusent.

M. Philippe, après avoir entendu toutes ses informations, s'est rendu à Abidjan le plus tôt possible. Il rencontra ainsi les parents de Céline.

- Bonjour Monsieur et Madame N'dya !

- Bonjour Monsieur ! Dit M. N'dya

- Asseyez-vous, je vous en prie. Je vous sers quelque chose ? Répliqua Mme. N'dya.

- Juste un verre d'eau.

Elle se dépêcha de lui apporter ce verre d'eau. Après qu'il s'est désaltéré, ils commencèrent à épurer la situation.

- Mère N'dya : Céline va bien et elle va bientôt commencer les cours.

- Père N'dya : De quoi tu parles ? On ne retrouve pas notre fille et tu oses dire qu'elle va bien ! Tu me caches quoi ?

- M. Philippe : Oui, madame, soyez explicite, je vous pris.

- Mère N'dya : Céline m'a appelé ce matin, elle m'a dit qu'elle va bien et va bientôt commencer les cours. Elle est à Dakar, précisément chez sa tante, ma sœur.

- Père N'dya : T'entends-tu parler ? Je sacrifie tout pour payer son billet d'avion pour la Suisse et tu me dis qu'elle est au

Sénégal ! Tu étais depuis au courant de ce plan machiavélique ? N'est-ce pas ?

- Mère N'dya : Non pour l'amour du ciel et arrête de m'accuser ! Je suis aussi surpris et bouleversé que toi.

- M. Philippe : Je n'arrive pas toujours à croire. Bon bref, c'est votre fille et elle a ses raisons, ce sont donc ses raisons qui l'ont envoyé au Sénégal.

- Mère N'dya : Nous devons épurer cette histoire. Notre Céline ne s'est jamais comporté de la sorte, il y a forcément une explication.

- Père N'dya : En faisant quoi ? Et puis il faut souligner que ta sœur a souhaité voir Céline à Dakar, je suis sûr qu'elle soit la cause.

- Mère N'dya : N'accuse pas ma sœur si tôt. Tu sais très bien qu'elle ne ferait jamais une chose qui puisse blesser Céline ainsi que nous. Il y a une explication rationnelle, j'en suis convaincu.

- Père N'dya : Je l'accuserai plus tard dans ce cas !

- M. Philippe : Je ne connais pas Céline N'dya aussi bien que vous, mais par ces témoignages, Céline est une bonne fille. Qui est donc cette tante ? Et que voulait-elle à Céline.

- Mère N'dya : Tante Alima comme le dit Céline, est ma sœur. C'est elle qui couvrait les frais scolaires de Céline, depuis le lycée. Elle a ainsi voulu que Céline aille continuer ses études à Dakar, chez elle.

- Père N'dya : Céline est actuellement à Dakar chez elle, que veux-tu qu'on rajoute ? C'est Alimata la cause !

- Mère N'dya : L'heure n'est pas consacrée aux accusations, mais à l'élucidation du problème.

- Père N'dya : Quel problème ? La seule personne victime dans cette affaire, c'est bien moi, oui ! Car ta sœur et ta fille se sont bien moquées de moi. Toutes ses dépenses pour rien ?

- Mère N'dya : Ah désolé alors !

- M. Philippe : Ok, ça suffit ! Je vais trouver un détective à Dakar pour élucider cette histoire.

- Mère N'dya : Merci beaucoup pour votre soutien.

- Père N'dya : Un détective pour faire quoi ? Ma fille dit qu'elle va bien, il suffit d'appeler Alimata et savoir tout ce qu'on doit savoir !

- Mère N'dya : In fine, tu veux quoi au juste ? Si toi, tu ne ressens rien, moi, j'ai l'impression que ma fille ne va pas bien, bien qu'elle soit chez ma sœur.

- Père N'dya : C'est votre problème ! Tout ce que je sais, c'est que je suis victime de cette arnaque.

- M. Philippe : Comme convenu, j'enverrai un détective pour mieux nous situer.

- Père N'dya : Pourquoi faites-vous cela ? On vient de se connaître à peine. En plus vous ne vous êtes pas présenté concrètement à part votre nom.

- M. Philippe : Je suis un docteur en sociologie générale à l'université de Genève, où votre fille était censé se trouver. Maintenant, je le fais à cause de votre Femme, la mère de Céline.

- Père N'dya : Comme tu le dis !

- M. Philippe : Bon, je vais devoir vous quitter, j'espère qu'une réponse nous sera donnée dans un bref délai.

- Mère N'dya : On espère bien ! Merci pour cette visite et aussi pour votre soutien. Bonne route à vous !

- Père N'dya : Merci beaucoup pour tous vos efforts. Espérons qu'ils porteront fruits.

- M. Philippe : Je vous dis à très bientôt !

Habib Diouf, un agent de la police nationale, se voit détective privé afin d'élucider ce mystère. C'est un homme honnête, sa carrure imposante et son physique d'athlète, permettront de le distinguer. Honnête qu'il est, il aime la justice et faire son travail à la perfection. Maintenant onze ans qu'il est fonctionnaire, il a toujours respecté sa hiérarchie et galope de gradc cn grade. Il attire l'attention de Monsieur Philippe, par sa carrière et sa perfection dans l'exécution. Il est la réincarnation de la devise du corps armée sénégalais. Comme indiqué, il s'urgea de trouver l'édénique de tante Alima. C'était une très grande maison, bien bâtie.

Avant d'entrer, il observa les entrées et les sorties. Personne n'entrait à pied et personne n'en sortait. Il prit alors sa voiture et se dirigea vers le portail ; le portail s'ouvrit automatiquement. Il avait garé la voiture non loin du garage avant d'apprécier les fresques murales de la maison. Cette dame avait une très grande cour et un magnifique jardin. C'était une maison d'au moins seize pièces, on a l'impression qu'elle logeait chaque jour des dizaines de Sénégalais.

Un agent du domicile, vêtu en costume noir, s'approcha de moi avec sérénité.

- Bonjour Monsieur, en quoi puis-je vous aider ?

- Bonjour, Moi, c'est Nicolas Sarr, je suis Professeur de Musique et je souhaite rencontrer Madame Alimata Sow dans le cadre du développement d'un projet musical pour enfant.

Comme indiqué, c'est un professionnel du métier, il fallait donc un plan approprié.

- Ok, suivez-moi !

Il le guida jusqu'au bureau de tante Alima.

- Entrez ! Je vous pris de bien vouloir l'attendre un instant.

- Pas de souci.

Il s'assit et observa le bureau attentivement ; il vit des fresques suspendues au mur. Il a perçu le même slogan sur tous les tableaux "Against Voluntary" ce qui signifiait, "contre la volonté". Il prit note et cherchait d'autres indices en rapport avec le slogan ou quelque chose d'intriguant. Au moment où il voulait se lever pour se rapprocher de l'ordinateur, il entendit des pas. Il se ressaisit donc.

- Bonjour Monsieur, C'est ?

- Bonjour Madame, C'est Nicolas Sarr, Professeur de Musique.

- D'où ?

- Dans un Collège à Thiès

- S'il vous plaît asseyez-vous.

- Merci !

- Que puis-je faire pour vous ?

- Vous n'êtes vous pas présenté ?

- Si tu ne me connaissais pas, tu ne serais pas présent. J'imagine ?

- Vous aviez parfaitement raison. Je suis là dans le cadre du développement d'un projet musical pour enfant.

- Suis-je censé jouer un rôle ?

- Je ne vous aurais pas avisé.

- Soyez plus explicite sur la considération que vous aviez envers moi !

- Vous serez une grande aide financière. Car, pour le développement de ce projet, nous avons besoin de financement pour couvrir les nécessaires ; la construction d'une salle d'audition et ainsi que l'achat des instruments de musique.

- Comment aviez-vous entendu parler de moi ?

- Grâce aux actions menées dans les différentes organisations pour enfant.

- Intéressant ! J'ai un rendez-vous très important dans une heure, je vous pris de m'excuser. C'est une très belle initiative et je compte vous contacter dès que possible afin de mieux se situer sur le projet. Merci et bonne journée à vous !

- Agréable journée à vous !

- Je vous accompagne.

- Non, ce n'est Nécessaire (en souriant).

-Attendez s'il vous plaît ! Vous ne m'aviez pas donné l'un de vos contacts.

- Ah oui ! Tenez cette carte, mes contacts et mon adresse y sont.

- Ok, merci bien.

Cet homme avait tout préparé, il se dirigea vers sa voiture et perçu une jeune dame assise sur un tapecul. Il évita son regard et le regard des agents. Il prit sa voiture et s'en alla.

Madame Sow Alimata est de courte taille et bronzé de teint. Elle était belle et avait une forme moyenne. L'on pourrait tomber sur son charme grâce à ses beaux yeux marron.

Arrivé chez lui, il ouvrit la barre de recherche du web sur son ordinateur et rechercha "Against Voluntary". Plusieurs sont les sites web et les images qui s'affichent. Il essaya de centrer ses recherches sur "Alimata Sow" et le Slogan inscrit sur les tableaux. Il avait reconnu une image qui était dans le bureau de cette dame. Comme les images sont protégées, il se dirigea ensuite vers un site web. Tout était clair, il avait des images de cérémonie et de vidéo. Il avait un espace d'échange entre les abonnés. Après avoir lu et regarder les images, il s'agissait d'une organisation pour la promotion des valeurs africaines à travers la jeune fille. Le but est qu'une jeune fille propose son idée créative et si elle est bonne, cette jeune fille trouvera un investisseur. Mais pourquoi le slogan "contre la volonté" ? Je réfléchissais sur le cas de Céline et j'essayais de trouver un rapport. Eurêka ! La volonté de Céline était de poursuivre ses études soit en Côte d'Ivoire ou en Suisse et n'a jamais voulu venir au Sénégal. Mais à la grande surprise, elle s'est retrouvée à Dakar à quelques heures d'être à Genève, ce qu'elle voulait après avoir reçu la bourse d'étude. Je suis certain que c'était contre sa volonté de se retrouver à Dakar. De plus, Céline est une fille surdouée, intelligente qui pourra avoir de très belles idées créatives. Plusieurs Hypothèses fusent :

A-t-elle convaincu Céline de cette opportunité d'investissement ?

Je dirai oui. Car une telle opportunité se voit rare refuser.

Sa tante voulait simplement l'utiliser pour se faire encore de l'argent ?

Je dirai oui parce que Céline est sa nièce, donc facile d'avoir une action dans le business de sa nièce.

Est-ce un réseau qui profite de la jeunesse ?

Oui, puisque selon les vidéos des dernières cérémonies, la somme investie revenait au compte de celui qui a proposé l'idée à la jeune fille. De ce fait, difficile de croire que la jeune fille touchait cent pourcents de la somme investie.

Qui sont ces investisseurs ?

De grandes personnalités et hommes d'affaires.

La thèse est que Céline a été trompée et j'en suis convaincu. La preuve est que le vol de Céline pour le Sénégal était privé. Tout était une simulation. Il a tellement de questions qui me viennent en tête, je préfère les résoudre sur place avec les personnes concernées.

Il téléchargea plusieurs images et plusieurs d'entre-elles avaient pour auteurs Moussa Diome, il prit ces coordonnées et organisa un rendez-vous pour en savoir plus sur les tableaux.

Il était huit heures du soir, les deux hommes étaient au rendez-vous, assis face, ils échangeaient.

- Salut, moi, c'est Nicolas Sarr, Professeur d'art plastique.

- Enchanté, c'est Moussa Diome, peintre.

- J'aimerais en savoir davantage sur ces images. Est-ce possible ?

Moussa Diome, connaissant, la vérité sur les images, ses propres images, il refusa de dire la vérité.

- Oui, ces images sont les miennes. Je les réalise à l'occasion d'une cérémonie.

- Quelle cérémonie ?

- La cérémonie des droits de la jeune fille.

- Êtes-vous sûr ?

- Vous êtes détective ou professeur d'art plastique ?

- Tout d'abord, c'est moi qui pose les questions, ensuite, je suis un flic (en montrant son insigne et son arme) et enfin, tu as intérêt à me dire tout ce que tu sais à propos de cette organisation. Je t'enregistre, vas-y !

- "Against Voluntary" est une organisation de trafic d'êtres humains, dirigé par Monsieur N'dya Salif, Kadhy Gueye et Alimata Sow. Ils ont construit cette organisation dans le seul but de se faire de l'argent à travers les investissements des partenaires. À vrai dire, tous les partenaires le savent. D'abord, chaque membre du groupe est prié d'envoyer au moins une jeune fille chaque année, Ensuite, ils font comprendre à ces jeunes filles l'idée du business et enfin, une fois l'investissement fait, elles deviennent des objets.

- Qui est-ce Kadhy Gueye ?

- Une grande dame d'affaires, propriétaire de sept hôtels de lux.

Concernant Salif N'dya, c'est le mari de Coumba Sow la sœur à Alimata Sow.

- À bon ?

- Le connaissez-vous ?

- Pas vraiment ! Si ce ne sont pas des investisseurs qui sont-ils alors ?

- Des acheteurs.

- Donc tu veux dire que tous ses hommes d'affaires et ses grandes personnalités font recours aux pratiques spirituelles et machiavéliques pour avoir le pouvoir et se faire de l'argent ?

- Effectivement ! Certaines sont soumises aux rituels, d'autres en esclavage. Une fois acheté, ces jeunes filles ne sont plus libres et sont déconseillées d'avouer quoique ce soit au péril de leurs vies. Je l'ai sûr lorsque j'accrochais les tableaux dans son bureau à travers une lettre, sans doute, elle avait oublié de la ranger. Elle m'a surpris en train de lire et m'a menacé de tuer mes parents sous mes yeux, si un mot sortait un jour par ma faute.

- Ok, je vois.

- Ils organisent une nouvelle cérémonie dans deux semaines, ça serait le bon moment. Voici l'annonce !

- En plus chez Alimata Sow. J'aurais le temps de préparer la brigade.

- Exactement ! Car la garde est très bien renforcée dans ce genre d'événement.

- Merci pour ces informations.

- Je serai l'animateur du jour, donc ne vous en fait pas. En échange de ces précieuses informations, protégez mes parents et ainsi que frères jusqu'à ce que tout ça finissent

- Dîtes leur de venir à cette adresse, ils y seront en sécurité.

- Merci beaucoup !

Ils se séparaient ainsi.

Chaque heure était décisive dans les deux semaines à venir. Je préparais tout comme un professionnel ; les preuves pour inculper cette organisation. Je préparais déjà la brigade de la police nationale après avoir informé ma hiérarchie. Tout était clair depuis le début de cette histoire, la vérité blesse et fait très mal.

UNE HISTOIRE DERRIÈRE UNE AUTRE

Céline se préparait lorsque sa tante entra dans sa chambre.

- Céline, dépêche-toi, la cérémonie va commencer dans quelques minutes.

- Ma tante, dit moi la vérité, qu'est-ce que je fais concrètement à Dakar ?

- Une fois que tu auras trouvé un investisseur, tu pourras continuer tes études où tu veux.

- Mais pourquoi ce scénario à l'aéroport ?

- Oublie ça ! Je t'ai frustré parce que tu avais refusé ma proposition. Désolé pour l'orchestre. Comme j'ai dit, une fois que tu as trouvé un financement pour ton projet, tu pourras désormais faire ce que tu veux. Je voulais te faire une surprise, voilà pourquoi je ne t'ai rien dit depuis le début.

- Ok !

- Maintenant dépêche-toi !

Ce soir-là, il avait des hommes d'affaires et de grandes personnalités, il y avait des journalistes et pleins d'autres acteurs de la cérémonie.

Madame Sow Alimata m'avait invité à cette grande cérémonie, je ne pouvais donc annuler ce rendez-vous. J'eus profité de l'occasion pour préparer un orchestre musical avec quelques enfants, une fois terminé, l'orchestre rentrera plus tôt que prévu. Avant le début de la cérémonie, je vis le père de Céline. Madame Sow Alimata vint à moi.

- Vous êtes élégant ce soir Monsieur Sarr !

- Également cher Alimata Sow !

- Nous allons bientôt commencer la cérémonie et j'aimerais bien que vous preniez place.

- Ok, pas de souci !

Moussa Diome, l'animateur du soir, pris la parole : 《 Mes dames et messieurs, je vous prie de bien vouloir rejoindre les loges... comme convenu, l'orchestre musical du Prof Nicolas Sarr va ouvrir la cérémonie 》

Pendant la chorale de l'orchestre, Céline N'dya vit son père, elle eut peur et en même temps surprise de voir son père ici. Elle hésita à s'approcher de lui, trop tard, il la vit. Prenant sa main, il se dirigea vers sa voiture

- Que fais-tu ici Céline ?

- Je me retrouve ici par imprévu et toi que fais-tu ici ?

- Avant de répondre à ta question, dis-moi simplement si tu en fais partie des jeunes filles ?

- Comment sais-tu cela ?

- S'il te plaît répond à la question ?

- Oui, j'en fais partie.

- Ok ! Monte dans la voiture ?

- Quelle voiture ? Et puis depuis quand tu as une voiture ?

Tante Aminata les vit, s'approcha d'eux.

- La cérémonie n'est pas encore terminée ? Et pour ton information, j'ai invité ton père ce soir, n'est-ce pas Salif ?

- Exacte ! Céline, tu peux nous laisser seuls !

Céline retourna à sa place.

- N'essaie même pas de vendre ma fille !

- J'ai l'impression que tu as une courte mémoire.

- Tu veux te venger, n'est-ce pas ?

- Écoute-moi bien, Monsieur Salif, que, tu le veuilles ou pas, ma vengeance aura lieu et Céline sera vendu aux enchères.

Elle se retira de lui.

Avec colère, il se rappela du détective qui était en mission. Il appela M. Philippe de lui passer le numéro de cet homme, mais celui-ci le fit comprendre qu'il s'agit d'une opération secrète, donc impossible de lui passer son contact. C'est avec insistance en lui expliquant la situation qu'il arriva à convaincre M. Philippe.

Il prit le numéro, essaya de le joindre, mais impossible.

Fin de l'orchestre, place au business ! Habib Diouf se retira de sa loge et essaya de rappeler le numéro. Il perçut que son interlocuteur était le père Céline, juste derrière lui.

- Pourquoi m'aviez-vous appelé sans cesse ?

- Je sais que vous êtes détective et vous allez faire ce que je vais vous demander dans l'urgence.

- Monsieur Salif N'dya, vous n'êtes pas seulement le père de Céline, donc c'est plutôt vous qui allez obéir à tout ce que je vais vous demander dans l'urgence.

- Je ne suis pas obligé, je peux juste te dénoncer tout à l'heure et ses gardes vont s'occuper de toi.

- Vous ne le ferez pas. En plus je ne suis pas seul, mon équipe est déjà sur le terrain. Donc Monsieur Salif, vous feriez mieux d'exécuter ce que je vais vous demander.

- Que dois-je faire ?

- Vous allez vous rendre dans un commissariat dans l'urgence, la fête est terminée pour vous.

- Je vais avec ma fille !

- Pas de souci.

Je me dirigeai vers Céline, mais elle n'était pas à sa place. La cour était grande et il avait du monde. J'entrai dans la maison et je vis Céline descendre l'escalier. Je m'approchai d'elle

- Céline N'dya, je suis l'inspecteur Habib Diouf, pour une question de sécurité, je vous pris de rejoindre votre père dans l'immédiat.

- Que se passe-t-il ?

- Ce n'est pas le moment opportun pour en parler et il y a beaucoup d'hommes par ici.

- Dans ce cas, ce n'est pas le bon endroit. Suivez-moi !

Ils dirigèrent dans le couloir du bureau de tante Alima.

- Il n'y a personne, je pense ?

- Non !

- Il lui fait écouter l'enregistrement de Moussa Diome.

- Quoi ? Et qui est ce Moussa ?

- L'animateur du soir.

- Donc mon père en fait partie ?

Alors sa vie en Côte d'Ivoire était qu'une illusion ?

- Voilà pourquoi, j'ai voulu qu'il se rende tout seul, mais il a décidé que tu l'accompagnes pour ne pas qu'un soi-disant investisseur puisse t'acheter.

- Je n'irai pas avec lui. Étant donné que nous sommes devant le bureau de cette dame, cherchons toutes preuves.

- Ok, mais dépêchons-nous.

Ils entraient et virent ces tableaux, mais quelqu'un avait prévenu Madame Sow Alimata. Furieuse, elle les surprit dans son bureau en train de fouiller dans ses affaires.

- Que cherchiez-vous ? Je ne vous dérange pas, j'espère ? Et que faites-vous ici Monsieur Sarr ?

- Cela fait trois questions et nous ne répondrons à aucune d'elle. La seule personne qui nous doit des explications, c'est bien toi.

- Alors que veux-tu que j'explique ?

- Ça (en lui faisant écouter l'enregistrement).

Le père de Céline avait compris que tout allait mal se terminer, il cherchait donc à sauver sa peau, mais malheureusement un coéquipier d'Habib Diouf était caché dans sa voiture.

- Dépose-moi au commissariat le plus proche ?

Avec une arme pointée sur lui, le père de Céline s'était rendu. Il était ainsi menotté dans sa voiture.

Pendant ce temps, l'explication était suspendue au bout des lèvres de tante Alima. En fin, elle décida de tout avouer

- Céline, j'aimerais bien que tes parents soient là, mais dommage. Ça fait maintenant vingt-trois longues et terribles années pour moi. Je visais autrefois avec tes parents et, ton père à juger bon d'abuser de moi, il m'a violée cette nuit-là. Je n'avais pas reconnu ton père. Et comme cela ne suffisait pas, il m'a chassé de chez lui et a fait croire à ta mère que c'est moi qui l'ai séduit et que, de nature, je suis une prostituée. Ta mère n'a rien pu faire pour le fait changer d'avis. Arrivé au Sénégal, j'ai laissé plusieurs messages à ton père ; la grossesse que je porte est de lui, il n'a pas réagi. Sa famille m'a menacée et m'a répudiée. Pendant ce temps-là, ma sœur ne réagissait. J'ai été humilié des deux côtés, j'ai donc décidé de vivre seul et subvenir au besoin de mon enfant, malheureusement, je perdis l'enfant. C'est cette haine et colère qui m'ont envoyé vers Khady Gueye, la conceptrice de cette organisation. J'ignore comment elle et ton père se connaissent. J'ai nourri cette colère et cette haine. J'ai tout fait pour me rapprocher de tes parents et t'aimer commc mon propre enfant. Contre la volonté, c'est une organisation pour exprimer tout le mal vécu. Oui Kadhy Gueye et moi avons vécu un enfer dans notre jeunesse, concernant ton père, il va l'expérimenter.

- De quoi parles-tu ? Demanda Céline ?

- Attend que je te montre ce document.

Elle fit sortie une arme de son tiroir, elle appuya sur la détente et fusilla Céline, tellement rapide, malheureusement, elle fut à son tour fusillée par le détective. Céline ne pouvait résister à une balle si chaude, tirer à moins d'un mètre, Céline N'dya meurt

La police avait automatiquement réagi au premier coup de feu. Ceux qui devraient être arrêtés, furent arrêtés.

C'était une nouvelle décevante pour les parents de Céline, ils étaient meurtris et une bonne nouvelle pour la police nationale d'avoir pu arrêter cette organisation criminelle ainsi que tous ces partisans. Je fis le rapport à M. Philippe en lui annonçant la triste nouvelle.

Le passé de Tante Alima a brisé le rêve de Céline. Elle a nourri la colère et la haine, la vengeance était sa finalité. L'espoir d'être en vie, malgré les situations douloureuses, est une nécessité indiscutable.

Printed by Books on Demand GmbH, Norderstedt / Germany

Benjamin Rwema

La vie, une épreuve

Benjamin Rwema

La vie, une épreuve

Une face cachée sous l'ombre

Éditions Croix du Salut

Imprint

Cover image: www.ingimage.com

Publisher:
Éditions Croix du Salut
is a trademark of
Dodo Books Indian Ocean Ltd. and OmniScriptum S.R.L publishing group

120 High Road, East Finchley, London, N2 9ED, United Kingdom
Str. Armeneasca 28/1, office 1, Chisinau MD-2012, Republic of Moldova, Europe
Printed at: see last page
ISBN: 978-620-6-16781-5

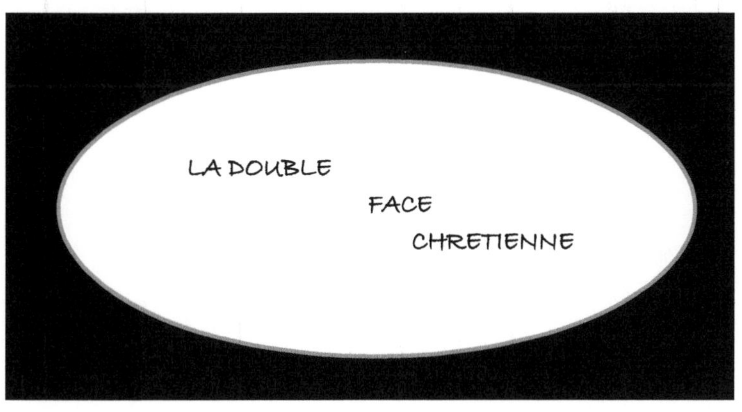

Auteur Benjamin RWEMA
rwemabenjamingmail.com

Mot de l'auteur

Est-ce possible ?

Nous avons le grand privilège d'avoir Jésus Christ comme maitre et sauveur de notre vie, comme résume l'Evangile selon Jean 3 :16

> « Car Dieu a tant aimé le monde qu'il a donné son fils unique, afin que quiconque croit en lui ne périsse point, mais qu'il ait la vie éternelle ».

Au moment où j'étais zygote, j'aurais voulu parler à mes semblables pour leur proclamer la bonne nouvelle, qui a pour fondement le Christ.

Dans la phase embryonnaire, ma seule préoccupation serait d'avertir à mes pareils à contrôler leurs mouvements dans un Esprit de calme, douceur pour leur permettre une bonne transformation physiologique et les préparer à vivre une partie de l'écriture tel que décrit dans Matthieu 11 :29

A ma période fœtale, je n'aurais pas un autre mot appart celui de la grâce qu'on avait reçu par l'intermédiaire de Jésus Christ, mort crucifier sur la croix enfin que je puisse vivre une meilleur vie éternelle ; Par ce grand amour qui était annoncé depuis les anciens prophètes et maintenant confirmer dans le nouveau testament.

Quel grand amour!

Mes homologues auraient à profiter à ce partage pour que lorsqu'ils sortiront dans les ventres de leurs mères, qu'ils sortent avec c'est grand amour gravé dans leurs cœurs.

Lors de ma naissance, j'aurais souhaité que mes docteurs expliquent la raison de mon vagissement comme étant une louange d'adoration pour que les hommes de mon degré se rappellent de tous ceux que je leurs aurais dit et de se détourner de beaucoup de choses de ce monde qui sont prédestinées à l'enfer.

A l'âge du bébé, je n'aimerais pas rester à tété les seins de ma mère pour pouvoir déféquer dans mes petites culottes. A la place, j'aurais voulu passé des heures sans tété ni lancer des cris pour méditer de ce que je serais entré de faire lors de ma marche à quatre pattes. Outre les mots à partager aux enfants de mon échelon ; pour enfin les évités à vivre dans des mauvaises conditions.

Quand j'étais à l'âge questionnaire, j'aurais voulu poser de questions portant sur la bonne nouvelle, apprendre à vivre comme un enfant de Dieu ; dans le cadre où j'éviterais à dire des mensonges, à accuser les autres des faux témoignages ; enfin que mes palier imitent ma bonne manière de vivre.

Durant ma curiosité enfantine, j'aurais souhaité à jouer des bons jeux qui pourraient m'éviter les mots trompeurs, m'épargner de choses qui voudraient me mettre sous le cout de tentateur ; j'aurais voulu mener une vie sans être oppresseur enfin de ne pas empêcher les hommes de mon étape de se réjouir des leurs paix durable, ni se comporter en un lion rugissant ou chercher à se transformer en un ange de lumière. Non ! Je suis un enfant de Dieu.

Peut-être que, ma puberté avait causée beaucoup de dégâts et que à un moment donné, on avait du mal à me comprendre.

Mon histoire, je l'ignore, mais j'aurais voulu que cela soit des actes et des pas qui pourraient pousser mes similaire à bien comprendre ce moment et traverser ce stade en Jésus Christ.

En outre, j'aurais voulu dire des phrases pesantes qui leurs empêcheraient de marcher des différentes erreurs. Car par une simple erreur qu'EVE a commue dans le jardin d'Eden sous l'influence du Satan, nous a couter la mort.

Pendant ma période d'adolescence, je préférerais suivre les sermons avec toute attention dans une grande sérosité. Eviter et à renoncer à beaucoup de choses qui pourraient me séparer du chemin emprunté par le Christ.

Enfin de partager à mon institution qu'on ne peut servir qu'un seul maitre. L'histoire de le mettre sur le droit chemin. Ou après mes révisions scolaires, créé des rencontres par où on aurait à débattre sur une vie menée en Christ. Leur éviter à marcher selon la volonté de la chaire. Les démontrer comment demeurer dans l'amour du Christ et non les apprendre à vivre une double face chrétienne.

Cependant à mon état d'adulte, je mais à écrire ce livre enfin que ce que j'aurais voulu faire dans l'extro se reproduisent dans ce présent livre. Pour que tout celui qui l'aurais lu éprouve un changement, enfin de se sentir à l'aise, et libre de corriger et de proclamer la bonne nouvelle en Christ à tout celui qui lui entoure.

« La moisson est grande, mais il y a peu d'ouvrier ».

Introduction

Il est évident que le monde auquel nous vivons est dominé par une grande hypocrisie, et surtout à ceux qui se disent Chrétiens. Le mensonge guette les hommes au point qu'une grande partie est corrompue par lui.

Dans la double face Chrétienne, l'intituler de ce présent livre, nous parle d'une double vie que certains Chrétiens mènent.

Par conséquent, il mène cette vie dans l'ignorance. Car ils croient agir selon la volonté de Dieu mais en étant trop pris par les choses du monde, leur marche demeure dans la vanité.

De fois, il est trop difficile de reconnaitre celui qui joue à la double face. A l'exemple de la chauve sourie qui ressemble à des oiseaux, mais portant les oiseaux n'ont des poils mais elle bat des ails comme eux. Contrairement à d'autres animaux qu'eux ont de poils mais n'ont pas d'ails. A cet égard, l'animal nous met dans un dilemme.

La double face Chrétienne dans son entièreté, nous mène à se poser la question que peut être tout le monde aura besoin d'entendre :

Pour quoi parlons-nous de la double face chrétienne ?

Etant donné, la confusion qu'à créer la chauve sourie, les scientifiques ont fini par l'accordée une famille et cela ne plus un problème au monde scientifique, car depuis l'école maternelle on nous enseigne que la chauve sourie est un mammifère volant.

Ce livre n'est pas un cours de zoologie pour entrer dans une étude complète de la chauve sourie ; sur la manière dont elle vole pendant la nuit grâce aux échos, mais de la manière dont certains chrétiens vivent sous un angle caché.

Aujourd'hui, beaucoup d'hommes vivent dans l'éperdument en se faisant passer par des chrétiens jusqu'à un certain niveau où : une confusion pénètre dans les cœurs de certaines personnes. Ils ne savent plus quel esprit qui le dirige. Ils sont dans une perdition totale. Ils se croient être justes au vu du monde.

Outre, certains hommes cherchent à mal comprendre la Bible, dans laquelle nous tirons profit des différentes choses qui nous mettent et nous amènent à vivre une meilleure vie en Christ.

A force de ne pas lire la parole de Dieu, certains leaders mènent aussi un bon nombre des hommes à vivre dans une vie plein des désordres ainsi qu'à leur chute car tel qu'écrit dans Osée 4 :6 ; mon peuple est détruit, parce qu'il lui manque la connaissance.

Une mauvaise manière d'enseignement fait perdre beaucoup d'âmes.

Ce manque de la connaissance divine, nous conduit dans de pires moments, non seulement à nous mais aussi à la génération future ; nous dévons aussi y penser.

Quand bien même, ceux qu'on croyait vivre dans la vérité marche sous une vision cachée dans le monde qui est prédestiné pour l'enfer. Une chose que nous ignorons est la condamnation.

Ainsi que le fait de ne pas comprendre que Dieu nous voit dans tout ce que nous faisons.

En faisant référence dans la Bible, Apocalypse, lorsque Dieu fut révélé à Jean les messages de ces sept (7) Eglises. Pourtant Dieu dit, je connais ta conduite, tes comportements, etc. et à la fin, Il reproche.

Dieu nous connais plus qu'on se connait. A ce terme, je n'aurai pas à tout écrire c à d, de la manière dont se comporter les 7 Eglises.

Mais signalons un peu pour ce qu'il dit à l'Eglise de Laodicée, au troisième chapitre, 15ième verset : « je connais ta conduite et je sais que tu n'es ni froid ni bouillant. Ah! Si seulement tu étais froid!

16ième : mais puisque tu es tiède, puisque tu n'es ni froid ni bouillant, je vais te vomir de ma bouche ».

La vie nous est difficile lorsqu'on vit à l'écart de la volonté du Dieu vivant. Car la vie sans Christ est une vie menée à l'aveuglette.

1

Première partie : UNE VIE CHRETIENNE D'ORIGINE

Les monde entier comprend deux catégories des chrétiens mis à part les faux et vrais les chrétiens outre ceux qui sont nés des familles chrétiennes et ceux issues des familles païennes.

Bien avant qu'on soit appelé des enfants de Dieu, nous marchâmes sous la domination du diable. Par la grâce du seigneur Jésus Christ, nous sommes délivrés de l'emprise du diable.

La vie de gens qui vivent en Christ, ne doit pas être comparable à ceux connus comme étant des païens. La majorité des hommes vivent dans l'hypocrisie du monde c à d qu'ils veulent se faire passer pour les anges de lumières.

Avant qu'on soit réappelé les enfants de Dieu, nous marchâmes sous le pouvoir dominateur du diable, car par l'entrée du péché dans ce monde, nous a privé. Notre pouvoir dominateur que Dieu avait accordé à Adam a été volé. Quand le Christ a apparu sur la terre, mort crucifié sur la croix, il nous a tous donné le pouvoir de redevenir les enfants de Dieu.

Parfois les hommes ignorent sa vraie valeur et en plus de cela l'importance qu'à un chrétien dans ce cosmos. Bien que ce soit une grâce reçu par l'intermédiaire de Christ qui a pris tous nos péchés. A cet effet, vivre une vie chrétienne, cela ne veut dire que c'est un mérite mais c'est plutôt une grâce ; seul qui mérite d'être privilégié.

Il est écrit dans Romain 3 :27 : « reste-t-il encore une raison de se venter ? Non, cela est exclu. Pourquoi ? Parce ce qui compte ce ne plus le principe du mérite mais celui de la foi ».

Cette condition (la foi), le non-respect de la dignité ainsi que l'invalorisation à la chrétienté sont exclus.

Par conséquent, le contraire se relève : là où nous espérions avoir du progrès, nous y trouvons des difficultés, la médiocrité et tant d'autres choses qui nous éloignent du Christ.

Dans notre vie quotidienne de notre voie chrétienne ; l'emprunt qu'il porte ne plus le même que celui d'aujourd'hui. Pas tous d'entre eux, mais une grande partie est portée par beaucoup de choses qui nous détourne de notre sauveur. Car nous le voyons naitre, grandir dans les droits chemins que leur montre leurs parents ; par exemple, aller à l'église, prier, louer, adorer, etc. notre seigneur Jésus maitre de notre vie entière mais certaines d'entre eux l'ont déjà pris pour une habitude basé sur une théorie selon laquelle : une idée née toujours de son contraire : petit du grand, chaud du froid, la naissance à la mort, mais aussi de ce qui est bon et mouvais mais par la confusion mondaine, les hommes ont pu transformer les biens en mal. A cet égard, les privilèges de notre chrétienté, l'affaire ecclésiastique sont transformés en une habitude.

Nous avons eu de la chance de connaitre que le Christ, fils de Dieu, nous a libérés de la mort. Et cela, depuis l'école de dimanche, nous l'avons appris. Comprenez mieux que cette libération de la mort, nous ne l'avons pas reçu gratuitement car cela a été payé par notre sauveur Jésus Christ.

De tous les enseignements reçu lors d'une participation aux différents rencontres qui nous apprend de comment marcher selon la volonté, d'aimer Dieu, à respecter ses lois ainsi que de le mettre en pratique et ceux-là font débat dans tous les sermons.

Nous avons pu voir que notre corps nous fait défaut. Certains de ses chrétiens ce sont fait valoir à beaucoup de choses qui ne leur permettent pas d'évoluer selon la volonté de Dieu. Ils ont décidé de changer le bien en mal et sont devenus pervers en se basant sur des choses trompeuses et emporter par les des comportements honteux.

A force de manquer comment s'y prendre face aux problèmes rencontrés, ils ont décidé d'abandonner Dieu, pour poursuivre leur volonté ; l'ignorance couvre déjà leurs vus. Ils ont rejeté la voie du Dieu vivant.

La vie chrétienne de nos jours nous crée des confusions, car même ceux qui ont reçu la parole de Dieu depuis leurs enfances vivent dans l'éperdument. Ils n'ont plus confiance, ils ont perdu la foi.

Ils ont peur de la vie et ne savent plus où se situer car ils ont mélangé leur vie chrétienne à celui de ce monde.

Le privilège et le gout de se forcer à marcher selon la volonté du Dieu ne plus dans leur conscience, de sorte que, ils ont perdu le gout d'en vouloir entendre la parole divine. Ils ignorent la puissance de la Parole. Ils ignorent que tout a été créé par elle.

Jésus après avoir tous portés sur la croix (les souffrances entre autre la lourdeur de nos fardeaux), il nous a confirmé par sa parole que tout était accompli.

Etant chrétien depuis l'enfance, cela ne veut dire que nous sommes plus que les autres.

Ce pour cette raison que nous sommes dans l'obligation de césure cette grâce avec nos deux mains, de tout notre cœur, et même de toute notre conscience.

Bien que la vie sur cette terre, n'est pas une vie favorable pour nous qui sommes des chrétiens, étant des étrangers, nous dévons en subir la peine. Bon nombre des hommes confondent leurs vies chrétiennes à celui du monde.

Bien que la vie sur cette terre, n'est pas une vie favoritique, car celle-ci ne nous appartient pas, il nous faut comprendre que, nous ne sommes pas destinés à vivre une vie des misères, mais plutôt nous sommes voués à vivre une vie de gloire dans Jésus-Christ.

Pour quoi donc cette souffrance ? Nous dévons tenir compte.

C'est aussi un problème de fermeté or dans Ephésien 6 :13, la bible nous parle de l'armure complète de Dieu. Et cela nous aide à rester ferme ainsi que de demeurer dans la volonté du Dieu vivant.

Le manque de la fermeté, pourrait être la plus grande cause qui posse les hommes à vivre sous un angle de la double face chrétienne.

La bible nous parle de l'histoire d'un jeune riche qui voulait hériter le royaume de Dieu mais l'envi qu'il possédait, fut porter par le gout de la richesse passagère de ce monde (Matthieu 19 :16-22)

Bon nombre des hommes ont un gout qui le pousse à avoir l'envi du royaume de Dieu, mais enfermer par les choses charnelles, ils se sont détournés de la volonté de Dieu. Le jeune riche dans sa conversation avec Jésus, cela semblé que, il était un jeune qui aimait hériter le royaume du Dieu mais aveugler par les biens matériels du monde et gérer par la convoitise du monde ainsi que la passion éphémère de ces biens, il décida de ne pas suivre Jésus.

Tels sont les jeunes chrétiens dont depuis leur enfance, ils connaissent comment loué, adoré ; ils cherchent à mettre en pratique les commandements du Dieu vivant mais lorsqu'ils évoluent, ils se détournent de la volonté du Dieu et vivent dans la vanité du monde.

Nous avons le devoir de comprendre que le salut qui nous a été donné par Jésus Christ est une grâce.

Il est vrai que, par notre esprit ou intelligence animale, il nous semblera si difficile de comprendre en long et large l'histoire du salut car ce par la foi que nous accédons à cette grâce.

Nombreux des chrétiens nés dans des familles où la foi en Christ est admissible, confondent cette grâce d'une manière générale. Ils la confondent avec une mérité.

Confondre voire confusion, du latin CONFISIO dont le dictionnaire définit comme un état de ce qui est confus, mêlé en désordre,...

Quand nous avions reçu ce privilège d'être appel enfant de Dieu, nous l'avions mal reçu ; raison faisant que bon nombre des hommes vivent dans l'éperdument soit une confusion totale. Ils vivent en désordre et bien ce qui les condamne. Mais portant, dès leur enfance, on leur apprenait à marcher dans la volonté divine.

La question serait : pourquoi nous qui avons reçu cette grâce de reconnaitre que le Christ est le sauveur de notre vie ; vivons-nous encore dans des désordres ?

La majorité des chrétiens se sont détournés de la grâce glorieuse du Dieu vivant en suivant les désirs charnels et aujourd'hui, ils mènent leurs vies en désordre.

En refusant de suivre Christ, leur vie est remplis des mouvais actes, etc. ils se sont perdus d'avance dans leur ignorance qui les guette. Ils n'ont plus le temps d'ouvrir la bible, et lire la bonne nouvelle. Ils ont rejeté la lumière sans le savoir et ont embrassé les ténèbres.

Mener une vie chrétienne depuis son enfance est une bonne chose. Lorsqu'on grandit dans un esprit divin, nous avons l'espérance dc tout avoir au courant de notre vie. Le fait d'être appelé enfant du Dieu que témoigne l'esprit de Christ en nous, ne pas un hasard.

Le Christ nous a choisis avant même le fondement de la terre, il nous a créés pour un but précis.

Quel malheur!

Notre ennemi principal le diable, utilise notre partie sensible (le corps) pour chercher à nous mettre loin de la volonté du Seigneur ; (car) au lieu de continuer à vivre dans la vie qui pourrait nous permettre à gagner le royaume du Dieu soit les cieux, notre préoccupation première est restée focaliser dans l'influence que nous impose nos corps. En plus, au lieu d'accepter d'être conduit par l'esprit du Seigneur, nous nous laissons comportés comme des inconscients qui oublient que le Seigneur Jésus a souffert pour nous sortir de ce monde corrompirent par le diable et ses alliés.

L'histoire qu'on a vue, lorsqu'on était encore enfant entre autre une vie chrétienne jadis était bonne. Mais à nos jours, on voit les hommes qui se détournent de cette grâce. Ils sont perdus par ce monde pervers qui nous détourne de la volonté du Dieu vivant.

Nombreux des chrétiens nés des familles chrétiennes, confondent cette grâce d'une manière générale, ils la confondent avec un mérite. La leçon n'est pas de nous limiter au niveau de la confusion qui est définie comme un état de ce qui est confis, mêlé en désordre, etc.

Quand nous avions réussi ce privilège d'être appelé enfant du Dieu, il se pourrait que, nous l'ayons mal réussi pour qu'à cet égard, nous soyons confus ; de la manière dont la parole de Dieu nous a été donnée.

Beaucoup d'hommes, se sont détournés de la grâce de Dieu suite à un manque des connaissances car, il y a ceux qui ont oublié qu'ils ont le devoir de chercher à comprendre cette vie mené en Christ ; ils ignorent qu'ils doivent prendre du temps pour suivre le sermon, lire la bible, prier,… enfin de pouvoir comprendre au mieux le droit chemin auquel ils se mêlés.

Mais les chrétiens, détestent l'idée de vouloir apprendre et à mieux comprendre la lumière du salut. Les désordres ainsi que le gout charnel ont envahi la vie des hommes chrétiens. Et que personne d'entre eux ne veut plus que, la volonté de l'Eternel s'accomplisse dans leur vie.

2

Deuxième partie : UNE VIE CHRETIENNE TROUVEE HORS FAMILLE

Quand le Christ avait commencé sa mission, deçà delà, il amassait se disciples qui étaient comme nous (les gens du travail, des frères, des jeunes et même des vieux).

Christ leur enseigna la bonne nouvelle et l'ayant reçu, ils le suivaient par tout où il allait proclamer la bonne nouvelle.

Ces gens étaient dans une grande perdition du monde mais alors, la grâce leur a été venue. Cette grâce n'est autre que le fait de reconnaitre que le Christ était leur maitre et unique sauveur ; et à cela ils sont appelés enfant du Dieu.

Pécheurs que nous étions, incirconcis, etc. mais il avait accepté de mourir à notre place. Dans notre vie des pécheurs, les hommes n'avaient pas l'envi d'aller dans des églises ou organiser de rencontre où ils pourraient partager la bonne nouvelle.

Dans une nature pécheresse, nous n'étions pas d'humeur à aller à l'Eglise ; tous les jours passaient dans divers choses qui n'étaient bon pour notre vie tant présente qu'avenir. On avait du mal à aller à l'église car les préoccupations primaires étaient de faire de choses qui semblaient à l'égard du monde.

Des temps en temps, on se battait contre l'autre tout en ignorant que le diable est notre seul et unique ennemi qui veut nous détourner de l'amour glorieux du Dieu vivant. Mais cela on le comprend après un temps perdu dans les erreurs.

Le diable est le seul sur terre capable de faire marcher l'homme hors chemin de Jésus Christ notre seigneur. Le fait que le royaume de Dieu nous est réservé.

Souvent nous souhaitons passer du temps à regarder des films, faire des choses à l'égoïsme sachant que cela vaut mieux dans notre vie menée sur la terre. Car la plus part de temps nous sommes à la recherche du bonheur et cela nous croyons le faire au mieux à notre effort. On s'excitait à l'idée de ne comprendre que ce monde est insignifiant pour tout être qui vit en Jésus.

Souvent, on est aveuglé par les distractions mondaines que beaucoup d'entre nous ont changé les mots en créant des synonymes favorisant leur intérêt. L'adultère et autres genres des péchés, par exemple, ils l'ont transformé en aventure, mais aussi en d'autres termes valorisant le degré de leurs péchés.

On ne savait pas que les yeux étaient bandés jusqu'à ce niveau. Peu à peu, on détruit nos consciences sans pour autant le savoir. On ne se rend pas compte, que plus tard qu'on favorisait la voix de la perdition au lieu d'en faire ainsi avec la voie de la vérité qui Jésus Christ.

Il ne rester que peu pour s'être comparer aux animaux car dans la réelle vérité, on avait perdu la maitrise de soi et pire encore cela on ne le savait même pas.

Notre comportement était semblable à celui d'un homme sans destiner. Mais pour bannir cela, il nous fallait chercher à vivre comme un prédestiné en Christ.

Chacun dans la vie a son propre histoire de la manière dont, il a reçu la vie en Jésus Christ. Les hommes quand à cette vie jadis, le péchés leurs bandés les yeux, mais par la grâce du Dieu ; il nous a envoyé son fils unique qui est Jésus Christ.

« C'était un jour où j'étais assis à la maison et un de mes frères, cousin, m'invita du prendre part à un culte dans l'Eglise qu'il dirige. Tellement que je n'avais pas le gout de l'Eglise cela ne m'était pas facile à répondre à l'invitation de mon frère cousin mais le peu de conscience que j'avais encore ainsi que le respect que je portais à son égard, m'avais touché.

Mes frères, je n'oublierai ce jour-là, c'était mon jour de chance. J'étais partie à contre cœur mais par la grâce de Dieu, à l'intermédiaire de Jésus Christ notre sauveur, j'avais reçu la bonne nouvelle (d'après un frère en christ) ».

Il y a beaucoup des témoignages à ce propos, beaucoup d'homme ont réussi à apprendre aux sérieux ce qu'ils ont reçu des hommes de Dieu c à d, la bonne nouvelle reçu dans différentes manière.

Et si on se mettait à narré toute l'histoire, peut-être cela prendre de millier de page. Car chaque personne connait de la façon dont il a rencontré le Christ.

L'intrigue de cette partie est d'amener les hommes à comprendre que Dieu est grand, et il y a plusieurs façon de pêcher ses siens. L'amour qu'à Dieu à notre faveur est grand de sorte que, parfois, nous manquons un adverbe pour le glorifier.

Ce grand amour que personne n'est capable, ni pas le grand prédicateur à nous l'enlever.

Méditons un peu de ce qu'a fait le Christ au calvaire. Soyons conscient de nos actes et cherchons à bien comprendre dans quoi nous nous sommes mêlés. Le fait d'accepter d'être un disciple de Jésus Christ (chrétien), ce nom comme tout autre organisation, doctrines, etc. comportent des règle ou des lois.

De cela, il y a aussi de normes à suivre quand on est appelé enfant de Dieu. Vivre selon sa volonté, mener toute sa vie dans la vérité divine et vivre selon l'amour de Dieu.

Avant, on croyait que, un chrétien qui était dans des désordres et reçoit la grâce d'être appelé enfant de Dieu s'occupe bien et connaisse bien la valeur de son salut ;

En outre, on croyait que c'est celui qui est née dans une famille chrétienne est celui qui est le plus chanceux et connaisse au mieux la bonne nouvelle.

Non!

Ma préoccupation première de ce livre n'est pas de distinguer les différencier les chrétiens selon leur milieu de provenance car un chrétien c'est bien un chrétien. Mais nous nous sommes rendu compte que : nombreux des chrétiens vivent dans l'éperdument sans pour autant le savoir.

3

Troisième partie : LES ERREURS DES HOMMES DANS LA VIE CHRETIENNE

L'acquisition de la bonne nouvelle en désordre nous a amené à ne pas bien comprendre la grâce que nous avons réussi par Jésus Christ, mort crucifié sur la croix à cause de nos péchés. Ces erreurs continuent même dans les Eglise ; et cela confond les chrétiens d'avec les païens.

Quand les hommes marchent dans les désordres, la désobéissance, les querelles, des haines et toute autre chose qui peut le mettre à l'écart de l'amour du Dieu vivant. Or les hommes qui marchent dans ces différentes choses savent qu'ils les font dans le droit chemin. Mais ils sont aveuglés par le monde ; et à ce stade, ils se croient marcher dans la droiture.

Ils sont pris par un esprit d'habitude et cela a pris la place de ce qu'on doit privilégier. Les hommes marchent dans les ténèbres, et ils croient marcher dans la lumière.

Les erreurs sont des facultés qui projettent la foule de Dieu dans la perdition.

Le monde évolue sous un angle pervers suite à ces erreurs organisées qui créent du jour aux jours, incitent les hommes à faire le mal, à oublier son prochain, à critiquer les hommes de Dieu vivant ; c'est ainsi que, ces erreurs créent des troubles entre les chrétiens, et la confusion s'accentue à la faveur du diable.

Elles nous mènent à croire qu'on vit aux mieux et partout l'hypocrisie domine notre forme chrétienne ; l'orgueil, le mensonge, l'inconscience, l'impatience, etc. corrompent nos âmes et nous mettent dans un grand éperdument spirituel.

A l'égard des hommes, on le qualifie du bien par contre leurs cœurs sont remplis de l'impureté, d'adultère, etc. et raisonne du noir.

Tous ces erreurs, font à ce que beaucoup de chrétiens marchent sous l'angle de la double face chrétienne. Certains d'eux sont conscients de ceux qu'ils font et d'autre ignorent les faits.

A la longue, nous écrivons ce chapitre pour t'amener à comprendre que, la plus part de ce que nous pensons et de ce que nous faisons dans ce monde, nous amènent à marcher dans les ténèbres.

Entre autre, l'aventurisme, les désordres qu'on simule aux ordres ; pousse certains chrétiens à hausser les épaules, ils se disent être à un niveau supérieur que les autres…Ces erreurs masquées apportent de confusion aux chrétiens pour ce qui est, du point de vue de la vérité divine à celle des choses charnelles (une domination diabolique).

Beaucoup d'entre les chrétiens ne veulent plus progresser, ils veulent rester statués dans leurs habitudes religieuses. Or, changé est le moindre des choses qui peut les intéresser.

A certains égards, il y a des confusions entre chrétien et païen. Les hommes sont devenus compliqué de telle sorte que, ils sont aveuglés par les histoires passagères au lieu de s'intéresser à la bonne nouvelle qui est celui de Jésus Christ.

Il y a beaucoup de personnes qui veulent découvrir ce monde sans pour autant reconnaitre dans le plus profond les différents pièges du diable mis à leurs dispositions. Tout en ignorant que notre foi est basée sur la résurrection du Christ pour dire la glorieuse victoire de Jésus Christ au calvaire.

Chrétien, nous devons saisir cette grâce, la voir et la comprendre enfin de ne pas se laisser emporter par les choses passagères qui du jour aux jours, nous détourne de la volonté de notre Seigneur Jésus Christ. Ces erreurs nous causent hontes, et nous confondent d'avec le non croyants.

Le manque de la lecture de la bible, outre une mauvaise compréhension de l'évangile entre autre, la mauvaise transmission cause problème. Et cela fait à ce que, les hommes marchent dans l'obscurité.

Dieu a besoin des hommes justes, honnêtes, et ambitieux de sa parole. Et non ceux-là qui se baptisent ou se font appeler chrétien sans se soumettre aux canons bibliques. Ces erreurs nous aveuglent et nous mènent dans une vie où le diable domine sans qu'on le sache.

L'hypocrisie

L'ignorance et les erreurs ont aveuglé et étouffé notre croissance spirituelle. C'est ainsi que, certaines personnes sèment l'hypocrisie en eux.

Par définition, l'hypocrisie est un vice qui consiste à affecter une vertu, un sentiment qu'on n'a pas.

Nombreux d'entre les chrétiens, se disposent habituellement au mal. Ils sont devenus hypocrites du faite que, à le voir, nous croyons qu'ils sont des vrais chrétiens. Dans l'église ou dans des réunions, ils se couronnent en ognon et pourtant dans certaines parties, on les connait sous une autre forme.

C'est ainsi que, nous trouvons des choses qui sont dans la vie contraire de celles des canons de l'église. Soit les femmes (filles) qui avortent et même les hommes les approuvent, des personnes qui favorisent l'adultère, etc.

Tous cela, ils les font sans que l'Eglise soit au courant. Dans des Eglises, ils sont considérés comme des serviteurs du Dieu vivant, jouant plusieurs fonctions ecclésiastiques mais les actes qu'ils affichent dans d'autres endroits font hontes aux Eglises.

Cause majeur qui fait à ce que les chrétiens ont du mal à propager de la bonne nouvelle, car eux même vivent sous un angle qui leur empêche de propager avec vivacité la bonne nouvelle.

A jamais, nous ne pouvons servir deux maitres.

L'hypocrisie met l'homme dans une position où, il se croit entre de tromper les autres. Et pourtant il est perdu dans l'obscurité complète du diable. Il marche déjà dans le noir sans le savoir ; aveuglé par une habitude auquel le mal prend la première position dans tous leurs actes.

C'est habitude à fait à ce que les hommes fassent des choses pour se faire remarquer.

Contre l'hypocrisie

Une solution positive serait de s'opposer contre elle.

Dans l'évangile de Matthieu, au sixième chapitre ; la Bible nous met en garde contre l'hypocrisie.

Matthieu 6 :1, « prenez garde de ne pas accomplir devant les hommes, pour vous faire remarquer par eux, ce que vous faite pour obéir à Dieu, sinon vous n'aurez pas de récompense de votre père céleste.

6 :2, si donc tu donnes quelques choses aux pauvres, ne le claironne pas partout. Ce sont des hypocrites qui agissent ainsi dans les synagogues et dans les rues pour que les autres chantent leurs louanges. Vraiment, je vous l'assure : leur récompense, ils l'ont d'ores et déjà reçue ».

Voici ! Comment l'hypocrisie nous condamne, nous embourbe sans le savoir. Cette vie menée dans l'hypocrisie, nous mène tout droit dans l'enfer.

Le diable est plus influent qu'il a tout fait pour que les hommes soient privés de la gloire de Dieu.

L'hypocrisie est l'une des choses qui nous sépare de la gloire du Dieu. Elle a bien même pénétrée dans nos prière, dans nos sermons, etc. elle s'accentue au point de vue que, elle fait crever les hommes dans la double face chrétienne.

Mais la bible nous évite par ses merveilleuses paroles de ne pas jouer dans l'hypocrisie, ou de la manière dont nous devons la faire face.

6 :3, « quant à toi, si tu veux donner quelques choses aux pauvres, que ta main gauche ne sache pas ce que fait ta mains droite. Que ton aumône se fasse ainsi en secret ; et ton père, voit dans le secret, te le rendra ».

L'hypocrisie met les hommes dans l'aventurisme, dans l'éperdument. Les hommes font semblant de chercher cette prestigieuse grâce reçue par l'intermédiaire de Jésus Christ qui a tout pris pour que toi et moi puissions être libre et être appelé enfant du Dieu vivant.

Et cela dit encore ; 6 :5,6 « quand vous priez, n'imitez pas ces hypocrites qui aiment à faire leurs prières debout dans les synagogues et à l'angle des rues : ils tiennent à être remarqués par tout le monde. Vraiment je vous l'assure : leur récompense, ils l'ont d'ores et déjà reçu.

Mais toi, quand tu veux prier, va dans ta pièce la plus retirée, verrouille ta porte et adresse ta prière à ton père, qui voit dans le lieu secret, te le rendra ».

Il y a donc une meilleure récompense lorsque nous marchons contre l'hypocrisie. Dieu voit et connait tout ce qu'il nous faut avant que nous le demandions.

Un grand nombre des chrétiens qui marchent dans cette hypocrisie qu'ils sachent que la Bible est contre l'hypocrisie cela nous ramène à dire que Dieu est contre l'hypocrisie.

Les hommes sont devenus menteurs, dominer par un esprit vantard, d'impureté qui favorise son état d'hypocrisie.

Essayons un peu de comprendre ce passage :

« Un enseignant de la loi se leva et posa une question à Jésus pour lui tendre un piège : maitre, lui dit-il, que dois-je faire pour obtenir la vie éternel ? Jésus lui répondit : tu aimeras le seigneur ton Dieu, de tout ton cœur, de toute ta pensée, et ton prochain comme toi-même.

Tu as bien répondu, lui dit Jésus : fait cela, et tu auras la vie.

Mais l'enseignant de la loi voulant se donner raison, reprit : oui, mais qui donc est mon prochain ?

En réponse, Jésus lui dit : il y avait un homme qui descendait Jérusalem à Jéricho quand il fut attaqué par les brigands. Ils lui arrachèrent ses vêtements, le rouèrent des coups et s'en allèrent, le laissant à moitié mort. Or il se trouvant qu'un prête descendait dans le même chemin. Il vit le blessé et, s'en écartant, poursuivi sa route.

De même aussi un lévite arriva au même endroit, le vit et, s'en écartant, poursuivit sa route.

Mais un samaritain qui passait par là, arriva près de cet homme. En le voyant, il fut pris de pitié. Il s'approchant de lui, soignant ses plaies avec de l'huile et de vin, et les recouvrit de pansements. Puis, le changeant sur une propre mule, il l'amena dans une auberge où il le soignant de son mieux.

Le lendemain, il sortit deux pièces d'argents, le remit à l'aubergiste et lui dit : prend soin de cet homme, et tout ce que tu auras dépensé en plus, je te le rembourserai moi-même quand je repasserai.

Et Jésus ajouta : à ton avis, lequel de trois s'est montré le prochain de l'homme qui avait été victime de brigands ?

C'est celui qui a en pitié de lui, lui répondit l'enseignant de la loi. Eh bien, va, et agit de même, lui dit Jésus ». (Luc10 :25-37).

La vie chrétienne a besoin des hommes comme ce samaritain mais qu'ils soient connus au vue de Dieu que bel et bien, ils sont de véritable chrétien et non de bon parleurs qui disent de bonnes choses sans que cela ne soit réalisé. Il y a ceux qui agissent pour qu'ils soient loués au vue des hommes.

D'autres aussi les font, pour se montrer pure et pourtant leurs cœurs médisent les autres. Et d'autre encore pour leur couverture. Dieu n'a pas besoin des hommes pareils. Comme il l'a dit à l'Eglise de Laodicée : « à l'ange de l'Eglise de Laodicée, écris :

Voici ce que dit celui qui s'appelle Amen, le témoin digne de foi et véridique, celui qui a présidé à toute la création de Dieu. Je connais ta conduite et je sais que tu n'es ni froid, ni bouillant. Ah! Si seulement tu étais froid ou bouillant! Mais puisque tu es tiède, puisque tu n'es ni froid, ni bouillant, je vais te vomir de ma bouche ».

Dieu a besoin des hommes honnêtes, juste et non hypocrite.

L'impatience

En faisant recoure dans l'ancien testament nous trouvons un homme sous le nom de SAUL (roi d'Israël) : « Il attendit sept jours, selon le terme fixé par SAMUEL le prophète. Mais Samuel n'arrivait pas à Guilgal, et le peuple se dispersait loin de Saul.

Alors Saul dit : amène-moi l'holocauste et les sacrifices d'actions de grâces. Et il offrit les holocaustes.

Comme il achevait d'offrir l'holocauste, voici, Samuel arriva, et Saul sortir au-devant de lui pour le saluer.

Samuel dit : qu'as-tu fait ? Saul répondit, lors que j'ai vu que le peuple se dispersait loin de moi, que tu n'arrivais pas au terme fixé, et que les philistins étaient assemblés à Macmash, je me suis dit : les philistins vont descendre contre moi à Guilgal, et je n'ai pas imploré l'Eternel!

C'est alors que je me suis fait violence et que j'ai offert l'holocauste. Samuel dit à Saul : tu as agi en insensé, tu n'as pas observé le commandement que l'éternel aurait affermi pour toujours ton règne sur Israël. Et maintenant, ton règne ne durera point. L'Eternel s'est choisi un homme selon son cœur, et l'Eternel l'a destiné à être chef de son peuple, parce que tu n'as pas observé ce que l'Eternel t'avait commandé ». (1 Samuel 13 :8-14)

Qu'as-tu fait ?

Cette question est remplit de beaucoup de doute et de regret. Et notre vie en dépend et toujours à ce stade, nous manquons de réponses favorables à placer car animer les désespoirs ainsi le dégout de nos mauvaises actions et réactions.

Toujours, le manque de patience met l'homme dans des mauvaises affaires. Saul avait perdu son règne sur Israël que l'Eternel **aurait affermi pour toujours** à cause de son manque de patience.

L'impatience nous fait perdre beaucoup de choses d'une grande valeur. Et sauvent, c'est en cela que le diable profite pour semer des troubles et les désaccords dans la vie de beaucoup d'hommes de Dieu.

A l'exemple de Saul qui avait attendu pendant sept jours selon le terme fixé par Samuel. Par ce pré conclusion, nous allons, comprendre que Saul le roi d'Israël aurai attendit encore que quelques heures pour être roi d'Israël dans tout le temps.

Quel malheur!

Beaucoup d'entre nous perdre leur victoire à cause de cette impatience. A cause de peur du manque, il perdre ce qui leur aurai été plus favorable dans leur vie entière.

L'impatience nous met dans un état où, les hommes marchent dans la double face chrétienne. Et cela fait, à ce qu'il fasse ce qui n'est pas bon aux yeux du Seigneur ; ils agissent à leur propre gré et non selon la volonté divine.

Après avoir agi sous l'impatience la même question qu'a posée Samuel à Saul nous revient : qu'a-t-il fait ? Le fait de voir que Saul venait de perdre ce qui lui était prédestinée à cause de son impatience. Il lui posa cette question : qu'a-t-il fait ?

Dieu aussi nous pose la même question à chacun instant que nous vivons l'angle de la double face. Ce faisant passer pour les gens de pleine patience et près à résister et supporter nos semblable ; lorsqu'ils nous doivent, etc.

Cette question même Dieu l'avais posée à Caïn (Genèse4 :10) quand il venait de tuer son frère. La question me nous fait peur à l'idée de voir que :

Il y a un grand nombre d'hommes dont leur vie est dominée par le manque de patience, la peur du manque, de ce que j'aurai. Ils oublient que ; Dieu a toujours eu des bons projets à notre égard.

Dans Genèse 16 : 1-2 ; « Sarai, la femme d'Abram, ne lui avait point donné d'enfants. Elle avait une servante Egyptienne, nommée Agar. Et Sarai dit à Abram : voici, l'Eternel m'a rendue stérile ; viens je te pris, vers ma servante ; peut-être aurai-je par elle des enfants. Abram écouta la voix de Sarai ».

Il y a de fois où l'impatience peut causer de problèmes dans des familles, les nations, etc. l'impatience qu'avait Sarai la femme d'Abram d'accepter de marcher selon ce que voulait sa femme. Or, Abram eut confiance en Eternel, qui le lui imputa à justece. (Genèse 15 :6). Car ils savaient tous que Dieu leur avait promis une grande prospérité.

Et Abram dit : voici, tu ne m'as pas donné de prospérité, et celui qui est né dans ma maison sera mon héritier. Alors la parole de l'Eternel lui fut adressée ainsi : ce n'est pas lui qui sera ta prospérité. (Genèse 15 :3-5).

Abram et Sarai sa femme le savaient. Car depuis que l'Eternel avait dit à Abram de quitter de là où il était : l'Eternel dit à Abram : vas-t-en de ton pays, de ta patrie, et de la maison de ton père, dans le pays que je te montrerai. Je ferai de toi une grande nation,... (Genèse 12 : 1-2).

Ils savaient que l'Eternel leurs avait béni dès qu'ils étaient sortie de leur patrie, leur famille, etc. ils savaient que Dieu leur avait béni. Mais l'impatience de Sarai la femme d'Abram avait fait à ce qu'Abram s'accorda à sa volonté.

L'impatience nous crée de mouvais souvenir, car toujours, après avoir agi d'une manière défavorable, et qu'on se rappelle à la question, cela crée de problèmes dans nos vies personnelles, familiales, etc.

Jésus Christ savait mieux, ce qu'il allait subir à cause de nos péchés et que le troisième jour, il serait ressuscité. Il avait tout pouvoir de changer ce programme, il pourrait même le faire la même heure. Mais il avait été patient afin que se produise, ce qui a été annoncée par les prophètes.

David, savait qu'il serait roi d'Israël, mais pour tous ce qu'il a pu traverser, il était toujours patient jusqu'au jour où il a été couronné Roi d'Israël.

Beaucoup s'échappent de leur prestigieux moment par un simple manque de patience, et d'autres se conduisent comme des gens qui vivent sans la foi. Ils sont dominés par la peur de manque. Le manque de quelques choses, le manque de ne pas à faire ceci ou cela. Au lui de placer leur totale confiance en Dieu, ils s'impatientent et sont devenus menteurs.

Le mensonge

L'histoire d'Ananias avec sa femme Saphira nous montre comment le fait de mentir, nous met dans une perdition totale voire une vie en dehors de Jésus- Christ qui est la vérité divine.

Lisons ceci :

« Mais un homme nommé Ananias, avec Saphira sa femme, vendit une propriété et retint une partie du prix, sa femme le sachant. Puis, il apporta le reste, et le déposa aux pieds des apôtres. Pierre lui dit : Ananias, pourquoi Satan a-t-il rempli ton cœur au point que tu mentes au Saint-Esprit, et que tu aies retenu une partie du prix du champ ? S'il n'ait pas été vendu, ne te restait-il pas ? Et après qu'il a été vendu, le prix n'était-il pas à ta disposition ?

D'après vous, à ce sujet, quelle serait ta question à poser à Annias ? À cet égard et compte tenu de la situation, pour moi la question reste la même (qu'as-tu fait ?) peut être que cela était le regret que Pierre porter dans son cœur à l'idée de voir ce que Annias avait promis d'offrir à l'éternel et qu'il ne l'avais pas fait tel qu'il l'avait promis de le faire . Lisons la suite :

Comment as-tu pu mettre en ton cœur un tel dessein ? Ce n'est pas à des hommes que tu as menti, mais à Dieu. Ananias, entendant ces paroles, tomba, et expira.

Une grande crainte saisit tous les auditeurs. Les jeunes gens, s'étant levés, l'enveloppèrent, l'importèrent, et l'ensevelirent.

Environ trois heures plus tard, sa femme entra, sans savoir ce qui était arrivé. Pierre lui adressant la parole : dit-moi, est-ce à un tel prix que vous avait vendu le champ ? oui, répondit-elle, c'est à ce prix-là. Alors Pierre lui dit: comment vous êtes-vous accordés pour tenter l'Esprit du Seigneur ?

Voici, ceux qui ont enseveli ton mari sont à la porte, et ils t'emporteront. Au même instant, elle tomba aux pieds de l'apôtre, et expira. Les jeunes gens, étant entrés, la trouvèrent morte ; ils l'emportèrent, et l'ensevelirent auprès de son mari ». (Actes 5 : 1-10)

Satan le père de mensonge, veut toujours qu'on demeure dans cet esprit pécheresse. Par le mensonge, il cherche toujours de nous priver de la gloire du DIEU.

Quand nous mentons, par là nous sommes animé par un mouvais esprit Satanique.

Beaucoup d'entre les chrétiens se comportent comme Ananias et Saphira sa femme. Il se laisse prendre par le diable. Ce n'est pas maintenant que le diable cherche à nous épargner de la grâce de Dieu. Il a fait même avant qu'on soit né, en trompant Eve au sujet du fruit de la connaissance du bien et du mal.

« Vous avez pour père le diable, et vous voulez accomplir les désirs de votre père. Il a été meurtrier dès le commencement, et il ne se tient pas dans la vérité, parce qu'il n'y a point de vérité en lui.

Lorsqu'il profère le mensonge, il parle de son propre fonds. Car il est menteur et le père du mensonge ». (Jean 8 :44)

La bible nous prouve combien de fois que Satan est le père de mensonge. Et celui qui ment, joue aux faveurs de son père (le diable).

Le mensonge apporte une double face aux chrétiens. Certains croient qu'ils les font pour être sauver du gouffre auquel, ils s'exposent à tout instant soit dans tels ou telles circonstances. Ils développent la nature pécheresse en eux. Ils se sont conformés à la volonté de leur père, le diable. Nous ne devrons pas avoir droit à un jour où nous dévons mentir. Car Satan est le père de mensonge.

Enfant de Dieu que nous sommes, Dieu accepteras-tu qu'on soit appelé enfant du diable ?

Dans le livre de Jean, 14 :6

« Jésus lui dit : je suis le chemin, la vérité, et la vie. Nul ne vient au père que par moi ».

La vérité c'est Jésus. Et tout celui qui place sa foi dans Jésus doit vivre selon la vérité. Et tout en évitant de vivre une vie comparable à celle de la chauve-souris.

A cet effet, tout celui qui marche en Jésus, est rempli de vérité. C'est péché de mentir que Satan réussi souvent à le placer dans nos vies ; dérange notre vie chrétienne, au point que les gens confondent le vrai à celui qui n'est pas chrétien.

Et par leurs actes mensongers ils sont devenus inconscient.

L'inconscience

Nous pouvons même nous servir de l'histoire d'Ananias et Saphira sa femme. Au verset 3 d'Actes 5 : « Pierre lui dit : Ananias, pour quoi Satan a-t-il rempli ton cœur, au point que tu mentes au Saint-Esprit, et que tu aies retenu une partie du prix du champ ? »

Cette question, nous semble provoquante et révélatrice ; mais si Ananias avait sa pleine conscience, il aurait échappé à ce châtiment. Il était déjà dans un état d'esprit qui ne lui permettait pas de se rendre compte de cet acte immoral que le diable avait semé en lui, et qu'il avait fait en commun avec sa femme.

Satan les avait mis en sa disposition de telle sorte que, il ne se rendait compte de son manque du jugement, l'absence du discernement. Et cela ne point seulement à Annias et sa femme ; car bon nombre des chrétiens agis de même et les font sous le même angle de la double face chrétienne.

Les inconscients sont ceux qui marchent dans un gouffre où il n'y a pas la porte, ni fenêtre. Ils sont dominés par le monde des ténèbres. Ils sont semblables au diable, qui ne veut que le mal aux hommes.

Sa pêche fait attraper beaucoup de personnes dans son filet rempli des choses pouvant simplement nous éloigner de la volonté divine ; pour un simple objectif : le faire périr avec lui dans le feu ardent qui est réservé à lui seul (le Diable) et ses serviteurs.

Les hommes n'ont plus peur des péchés, et vivent une double face Chrétienne ; il ne craint plus Dieu par manque de conscience. Ils sont devenus des faux chrétiens (ils jouent de l'autre côté de la barre sans le connaitre), car ce qu'ils font est semblable à ce que les païens font et leurs actes prouvent le noir que raisonne dans leurs cœurs.

Quand Jésus faisait se miracle ;

« Alors qu'il se rendait à Jérusalem, Jésus longea la frontière entre la Samarie et la Galilée. A l'entrée d'un village dix lépreux vinrent à sa rencontre, ils s'arrêtèrent à distance et se mirent à le supplier à haute voix : Jésus, maitre, aie pitié de nous! Jésus les vit et leur dit : Aller vous montrer aux prêtres! Pendant qu'ils y allaient, ils furent guéris. L'un d'eux quand il se rendit compte qu'il était guéri, revint sur ses pas louant Dieu à pleine voix.

Il se prosterna aux pieds de Jésus, face contre terre, et le remercia. Or, c'était un Samaritains!

Alors Jésus dit: ils sont bien dix qui ont été guéris ne s'est pas? Où sont donc les neuf autres ? Il ne s'est donc trouvé personne d'autre que cet étranger pour revenir louer Dieu ? Puis s'adressa à ce Samaritain, il lui dit : relèves-toi, et va : parce que tu as eu foi en moi, tu es sauvé ». (Luc 17 : 11-19)

Les gens ne veulent plus rendre grâce à Jésus Christ notre sauveur et unique maitre pour le travail qu'il a accompli sur la croix.

Voilà que la conscience est preuve de la foi. L'un d'eux était bon conscient de ce que Jésus Christ avait fait pour eux. Il s'était rendu compte de la grâce que Jésus leur avait donnée.

Les chrétiens ont perdu le sens de rendre grâce à l'Eternel pour ce qu'il fasse dans leur vie de tous les jours. Où est donc passé le bon sens de notre vraie chrétienté ?

Jésus est bon et grand. Et tout ce qu'il veut pour nous : c'est les bonheurs. Il veut que les hommes marchent dans des actes réfléchis, dirigé par la bonne conscience qui nous témoigne de ce qui est bon ou mouvais.

Si vraiment, permettez cette condition, nous vivions sous le vrai angle du livre, dire merci ou rendre grâce à l'Eternel sera-t-il un problème ?

La purification de notre conscience

« Car si le sang des taureaux et des boucs, et la cendre d'une vache, rependue sur ceux qui sont souillés, sanctifient et procurent la pureté de la chair, combien plus le sang de Christ, qui, par l'Esprit éternel, s'est offert lui-même sans tache à Dieu, ne purifiera-t-il votre conscience des œuvres mortes, afin que vous serviez le Dieu vivant! » (Hébreux 9 :13-14)

Le pardon est là mais le diable ne cesse de planter des mauvais grains dans les esprits des hommes sans pour autant se rendre compte. Ils n'ont plus le gout de demander pardon et de ce fait, ils se sont faits avoir par l'orgueil.

L'orgueil

Lorsque l'homme trouve une estime excessive de soi-même, il se crée l'orgueil. De fois même, l'ignorance, nous produit de l'orgueil.

L'orgueil peut faire à ce que l'on oublie à rendre grâce à Dieu. Et à cet égard il y plusieurs conséquence lors que nous vivons sous l'influence de l'orgueil. A l'exemple de : Hérode, etc.

Quand Hérode fut décédé, cela était le fruit de l'orgueil. Tromper par son public, il oublia de rendre grâce à Dieu. Il fut trompé par le public. Lisons ceci :

« Or, Hérode était en conflue avec les habitants de Tyr et de Sidon. Ceux-ci décidèrent de lui envoyer une délégation. Après s'être assuré l'appui de Blastus, son conseille, ils demandèrent la paix, car leur pays était économiquement dépendant de celui du roi. Au jour fixé, Hérode revêtu de ces vêtements royaux, prit discours en public. Le peuple se mit à crier : ce n'est plus l'homme qui parle. C'est la voix d'un dieu. Au même instant, un ange du seigneur vint le frapper parce que qu'il n'avait pas rendu à Dieu l'honneur qui lui est du. Dévoré par les vers, il expira ». (Actes 12 :20-23)

L'orgueil nous éloigne de la vérité, du droit chemin et d'une meilleure vie éternelle. Or, dans les précédentes parties on a signalé quelques part que Jésus est le chemin, la vérité, et la vie. Au moment où nous sommes animés par l'orgueil, notre vie devient celle auquel l'homme devient prédestiné à l'enfer.

Une vie de chute comme tel qu'il est écrit dans le livre des Proverbes 16 :18b ; « l'orgueil précède la chute ».

Comme nous venons de le voir, à l'exemple du roi Hérode, trompé par le public, son orgueil s'éleva au niveau qu'il se compara à Dieu ; ce qui est impossible, et sa chute eut survenu au même moment.

Dieu n'aime pas les hommes qui marchent avec l'orgueil ; oubliant qui, ils sont réellement devant Dieu.

A force d'être applaudie par les hommes, beaucoup d'hommes ne savent plus se mettre à leur place et perdent la notion vitale qui leur procure une vie meilleure en Jésus.

Lorsque nous devenons orgueilleux, nous cherchons toujours à entendre ce qui sonne le mieux à nos oreilles, et non ce qui est vrai et réel au vue du Dieu vivant. Car il nous détourne de la volonté divine. Et que, tous ce que nous faisons dans notre état d'orgueil, nous le croyons être juste, droit, honnête, et pourtant non!

Cela s'explique à un fait que lorsqu'un homme s'écarte sans le savoir de la volonté du Dieu, il est perdu. L'orgueil nous fait perdre la lumière éternelle, en une direction de la lumière éphémère.

Nous devons rendre grâce, la louange, et tout autre honneur à Dieu, seul. Mais l'histoire de choses charnelle et l'orgueil nous privent de ce temps. Cela fait à ce que l'homme ne se voit que lui seul.

L'orgueil fait à ce que Dieu nous punit. La plupart des hommes se font punir à cause de leur orgueil. Dans l'ancien testament, nous trouvons l'histoire de beaucoup d'hommes qui ont été punis à cause de l'orgueil. Le roi Nebucadnetsar, par exemple (Daniel 4 :30-33). Les hommes comprennent toujours avec retard que l'orgueil est une chose qui nous fait perdre beaucoup de bonnes choses.

L'orgueil fait à ce que Dieu nous punisse sévèrement. Il nous détourne de la grâce glorieuse du Dieu. Quand nous marchons dans une vie d'orgueil, nous demeurons contre la volonté du Dieu.

Nous citons cet exemple du Nebucadnetsar écrit dans le livre de Daniel4 :30-33, pour vous montrer comment l'orgueil fait nuire la vie des beaucoup d'hommes et comment cela fonctionne lorsqu'il entre dans la vie de quelqu'un et quels sont les sorts qui lui est en réserve.

L'orgueil nous embourbe, nous puni bien avant qu'on le sache, car lorsque cela nous met au point que, nous oublions à rendre gloire à celui qui le mérite et cela même pour les gens qui nous sont proches.

L'orgueil est le désordre strict qui nous produit une mauvaise vie où l'estime excessif en soi, est dominée par des mauvaises habitudes, des comportements qui ne reflètent pas l'image que Jésus nous a laissé.

Il y a d'autres erreurs que nous n'avons pas mentionnées si haut. Mais sache que :

Toutes ces erreurs, se font par rapport à un certain intérêt charnel. Les hommes sont voués à rester dans leurs habitudes (l'orgueil, jalousie, l'adultère, etc.), qui les poussent à marcher dans la vanité, l'ignorance, etc.

C'est ignorance de la connaissance divine, fait perdre aux hommes toutes les vraies qualités et mettent l'homme sous l'angle de la perdition ; en autre, une vie de la double face chrétienne.

PAGE DE REFLEXION

_En se basant sur les effets, lorsque nous nous engageant dans une vie chrétienne.

Etes-vous un vrai chrétien ou un chrétien qui vie sous l'angle de la double face ?

Exprimes toi :

4

Quatrième partie : LE PARDON DU PECHE

Etant donné qu'à un certain moment, l'on subit les sorts de nos erreurs ; histoire de payer les conséquences de nos actes.

Il y a un rédempteur qui nous épargne des problèmes qui pourraient nous mener dans une perdition totale. Celui qui enlève en nous cet esprit critique de la double face chrétienne.

Lorsque nous marchons dans la vanité (erreurs), nous nous croyons dans la droiture car bien même, les péchés nous ont pandé les yeux. De fois ces erreurs que, plus tard nous aurions à les définir comme étant des péchés, nous prouvent que nous vivons dans la droiture ; le droit chemin, et pourtant pas.

Certes, nous sommes dominés par l'immoralité au point de vue que les péchés nous enveloppent.

Dans l'épitre de Paul aux Romains 1 : 26-32 ; la Bible nous montre les raisons qui font à ce que Dieu nous abandonne : voilà pourquoi Dieu les a abandonnés à des passions avilissantes : leurs femmes ont renoncées à des relations sexuelles naturelles pour se livrer à des pratiques contre nature. Les hommes, de même, délaissant les rapports naturels avec le sexe féminin, se sont enflammés de désir les uns des autres ; ils ont commis entre hommes des actes honteux et ont reçu en leur personnel salaire que méritaient leurs égarements. Ils n'ont jugé bon de connaitre Dieu, c'est pourquoi Dieu les a abandonnés à leur pensée faussée, si bien qu'ils font ce qu'on ne doit pas. Ils accumulent toutes sortes d'injustices et de méchancetés, d'envies et des vices ; ils sont pleins de jalousie, de meurtres, de querelles, de trahisons, de perversité. Ce sont des médisants, des calomniateurs, des ennemis de Dieu, arrogants, orgueilleux, fanfarons, ingénieux à faire le mal ; ils manquent à leurs devoirs envers leurs parents ; ils sont dépourvus d'intelligence et de loyauté, insensibles, impitoyables. Ils connaissent très bien la sentence de Dieu qui déclare passibles de mort ceux qui agissent ainsi. Malgré cela, non seulement ils commettent de telles actions, mais encore ils approuvent ceux qui les font.

Tous ceux-ci nous mènent à vivre une vie contre la volonté du Dieu vivant, soit, la double face chrétienne. Or, il y a ceux qui marchent dans ces actes irréfléchis et malgré cela, ils croient qu'ils sont encore dans la volonté du Dieu vivant.

Aveugler par les choses charnelles, les hommes jouent à la double face chrétienne car même dans des Eglises, il y a ceux qui approuvent ces genres des choses.

Or, les œuvres de la chaire sont manifestes, ce sont l'adultère, l'impudicité, l'impureté, la dissolution, l'idolâtrie, la magie, les inimités, les querelles, les jalousies, les animosités, les disputes, les divisions, les sectes, les l'envie, les meurtres, l'ivrognerie, les excès de table, et les choses semblables. (Galates5 :19-21)

Ces genres des péchés remplient les cœurs des beaucoup d'hommes et les mettent à vivre une double face chrétienne.

A cela, Dieu nous corrige enfin de bien commencer une nouvelle vie et meilleure en Christ.

Supportez donc ces souffrances, elles servent à vous corriger. C'est en fils que Dieu nous traite. Quel est le fils que son père ne corrige pas ?

Lorsque nous passons de long moment dans ces types d'erreurs, et afin, nous nous rendons compte que l'on vit dans la perdition ; et que nous laissons nos pensées à celui qui a enduré de la part des hommes pécheurs une telle opposition contre lui, pour que vous ne vous laissiez pas abattre par le découragement. Car après l'avoir fait nous subissons un moment des corrections de ce que nous avions pu commettre enfin de ne pas y revenir. Tout en évitant d'autres erreurs de se reproduire.

Ignorant que nous sommes, la vérité finisse par surgir un jour car du point de vue scientifique, on ne connait pas tous et physiquement, nous finissons par mourir.

Dieu en voyant tous cela, il a vu que c'était bon de nous envoyer un sauveur, qui pourra nous détourner de ce monde aveugle afin de nous offrir une vie éternelle.

C'est par son fils qu'on a le pardon de nos péchés. C'est bien qui nous lave et nous épargne de tout mal. Car, il dit : je suis le chemin, la vérité et la vie.

Dans Romains 3 :23-26

Tous ont péché, en effet, ils sont privés de la glorieuse présence de Dieu, et ils sont déclarés justes par sa grâce ; c'est un don que Dieu leur fait par le moyen de la délivrance apportée par Jésus-Christ. C'est lui que Dieu a offert comme victime destinée à expier les péchés, pour ceux qui croient en son sacrifice. Ce sacrifice montre la justice de Dieu qui a pu laisser impunis les péchés commis autrefois, au temps de sa patrie. Car il lui permet d'être juste tout en déclarant juste celui qui croit en Jésus.

5

Cinquième partie. UNE VRAIE VIE CHRETIENNE

Ce ne pas à force de notre baptême que nous pouvons être vie comme des vrais chrétiens, ni parce que nous professons une religion, ni parce que nous observons les commandements de Dieu, ni même que nous nous disons, qu'on a jamais tué ni volé, ni encore parce que, nous pratiquons l'amour du prochain, ni par notre charité, ni parce que nous faisons de notre mieux, ni parce que parfois nous nous reconnaissons juste que les autres, ni parce que nous connaissons que Dieu est naturellement bon, ni parce que Dieu n'avait pas créé l'homme pour lui faire subir la souffrance ; qu'on soit reconnu de vrais chrétiens, car même les païens en font de même envers le leur. Et ils reconnaissent qu'il y a un Dieu au-dessus de tous.

Le seul et unique chose qui nous prouve qu'on est de vrai chrétien, c'est la foi en Jésus Christ que Dieu a témoigné juste devant toute la créature.

6

Sixième partie. EVITONS DE VIVRE SOUS LA DOUBLE FACE CHRETIENNE

Jésus Christ dans la parabole écrit dans Matthieu 13 :1-23 ; nous parle du semeur. Dans cette partie il soulève différents emplacement de là où les grains c'étaient déposée. Mais nous, nous aimerions mettre un point sur ce qui est repris au 23ieme verset :

Celui qui a reçu la semence dans la bonne terre, c'est celui qui entend la parole et la comprend ; il porte du fruit, et un grain en donne cent, un autre soixante, un autre trente.

Beaucoup d'hommes règnent dans un esprit d'ignorance et d'erreurs. Et tous cela, nous ont aveuglé et étouffer notre croissance spirituelle en Christ.

L'analyse de cette partie veut amener l'homme sur le droit chemin qui est Jésus Christ, sauveur, maitre et enseignant de notre vie. Car même dans l'épitre de Paul au Romains 10 :17 ; la foi nait du message que l'on entend, et ce message c'est celui qui s'appuie sur la parole du Christ.

Nous vous écrivons ce livre non parce que, nous voulons vous mettre dans l'éperdument total, mais plutôt, de vous amener à comprendre dans quoi vous vous êtes mêlés. Le fait que vous aviez choisi le Christ comme sauveur de votre vie ; nous devons à notre tour marché dans ces voies.

La bonne nouvelle est la voie qui nous montre comment nous devons marcher avec Christ. Jean 14 :6, « Jésus dit : le chemin, répondit Jésus, c'est moi, parce que je suis la vérité et la vie. Personne ne va au père sans passer par moi ».

De cela, celui qui a choisi Jésus comme son maitre à bien choisi. Et il doit aussi, se laisser conduire par la lumière de la parole se trouvant dans la Bible. Cet exigence de marcher dans la vérité est trop nécessaire.

Apocalypse 3 :16 ; Mais puisque tu es tiède, puisque tu n'es ni froid, ni bouillant, je vais te vomir de ma bouche.

Dieu promet aux hommes qui jouent à la double face chrétienne qu'Il va le vomir de sa bouche.

A cet effet, chrétien que nous soyons, nous devons chercher toujours à marcher dans la droiture, la vie qui est une vie menée en Jésus. Ceci prouve que la Bible est contre l'hypocrisie.

Beaucoup de chrétiens se trompent à l'idée qu'ils veulent feindre à la faveur d'un autre.

Il y a des personnes qui entrent dans l'Eglise pour plaire aux autres. Ici dans l'évangile, il n'y a pas d'histoire où l'on est autorisé de dire le mensonge ainsi que la vérité car chaque partie à son propre maitre. C à d, l'idée de croire que nous pouvons être capables de servir deux maitres est impossible et nous devons se rendre compte à ce sujet. A ce propos, tu es un vomiture.

Cependant, nombreux d'entre les chrétiens, le font par manque, le manque de la connaissance. Tel qu'il est écrit dans Osée 4 :6 ; Mon peuple est détruit, parce qu'il lui manque de connaissance.

Ces problèmes nous mènent à l'idée de comprendre que beaucoup on choisit de suivre Jésus Christ, mais ils marchent encore dans la vanité du monde.

Satan (le diable) cherche toujours à nous éloigner de cette grâce glorieuse que nous avons reçu gratuitement par l'intermédiaire de Jésus Christ notre sauveur. Il cherche à nous la détourner par ses différentes qualités ; tel qui est menteur, c'est ainsi qu'il sème le mensonge dans bon nombre des chrétiens ; accusateur, trompeur, pour nous éloigner de la grâce de Dieu ; tentateur, oppresseur, empêcheur, etc.

Le diable peut se transformer en un ange de lumière. C'est de cette façon qu'il se serve pour nous (chrétiens) détourner de la grâce divine pour le fait que beaucoup de chrétiens vivent sous l'angle de la double face chrétienne.

Ces différents qualité que Satan use, ont aveuglé bon nombre des chrétiens qui marchent sans défense ou sans se vêtir des différents armures que doit porter un chrétien ; de la manière dont le décrit Ephésiens 6 :10-16.

Le Diable est toujours jaloux de notre futur héritage qui nous est reservé dans les cieux. Que nous avons reçu par le sacrifice de Jésus Christ mort et crucifier sur la croix.

Ce livre n'est pas seulement pour celui qui vit dans l'entre deux, l'histoire de celui qui n'est ni chaud ni froid mais à tous celui qui vit sur la terre car Satan (le diable) a pu corrompre la majorité des hommes et cherche toujours à détourner ceux qui sont dans le Christ et qui les serrent en toute vérité, de tout leur cœur.

Le Christ est notre unique sauveur crucifié à cause de nos péchés, et aujourd'hui, nous sommes libres en lui et à travers son sacrifice, nous sommes appelés enfant de Dieu.

Ces écritures nous viennent du cœur à l'idée de ne voir personne s'éloigner de cette grâce divine ; tel est aussi la volonté du seigneur Jésus qui nous veut à tout instant ; du bien, du bonheur, etc. tout cela résident dans son plein amour.

Soyons donc juste et cherchons tous les jours à vivre dans cette vérité divine et non selon la vanité du monde.

Dans mes relations avec les chrétiens mal affermis dans la foi, je vis comme l'un d'entre eux, afin de les gagner. C'est ainsi que je fais tout à tous, afin d'en conduire au moins quelques-uns au salut par tous les moyens. Or, tout cela, je le fais pour la cause de la Bonne Nouvelle pour avoir part, avec eux, aux bénédictions qu'apporte la bonne nouvelle.

Ne savez-vous pas que, sur un stade, tous les concourants courent pour gagner et, cependant, un seul remporte le prix ?

Courez comme lui de manière à gagner. Tous les athlètes s'imposent une discipline sévère dans tous les domaines pour recevoir une couronne, qui ne se fléchira jamais.

C'est pourquoi, si je m'exerce à la boxe, ce n'est pas en donnant des coups en l'air. Je traite durement mon corps, je le maitrise sévèrement, de peur qu'après avoir proclamé la Bonne Nouvelle aux autres, je ne me trouve moi-même disqualifié# (1 corinthiens 9 :22-27)

Nous devons en faire de même enfin de chercher à avoir dans la vie de nos jours ; une infinie présence du Dieu vivant dans nos vies quotidiennes. Nous devons, nous rendre à Dieu ;

Mon très cher Seigneur Jésus,

Toi qui as accepté de tous prendre voire nos péchés comme fardeaux, afin que nous puissions être libres et juste en toi devant Dieu.

Maintenant, je me retrouve dans un moment impur, qui me pousse à se prosterner devant la face pour demander grâce.

Seigneur Jésus accepte mon pardon, crée en moi un esprit bien disposé enfin d'en tenir ferme devant les différentes tentations du Diable et vivre une meilleur vie en toi ; o Dieu.

Car, je reconnais que je suis un pécheur, et pour cela : je confesse tous mes péchés au nom puissant de Jésus Christ, qui font à ce que de fois je crois vivre dans la droiture ; et pourtant, une vie à double face m'enfonce dans un trou noir où je ne sais, ni porte de sortie ni fenêtre.

Aie pitié de moi Seigneur Jésus.

Si cette confession provient dans ton plein cœur, croit que lors et déjà le Dieu vivant au nom puissant de Jésus-Christ vous a libéré de tous mal.

Et remercie Dieu pour cette nouvelle transformation en Jésus-Christ. Il y a tant d'autres choses qui font à ce que le monde tourne à son inverse.

Septième partie. CYCLE D'UNE VIE SPIRITUELLE QUI AFFECTE MEME LA VIE CORPORELLE (LE COMBAT ENTRE DES ESPRITS)

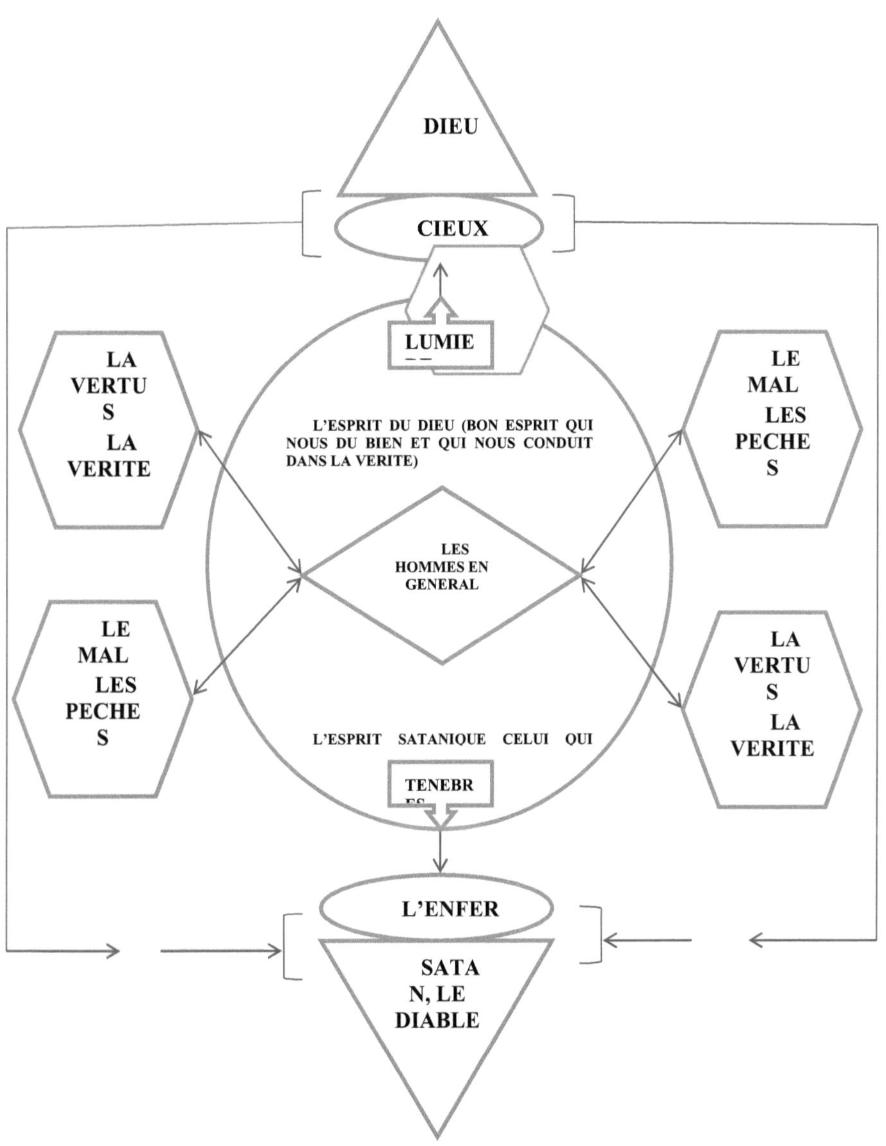

Lorsque le diable c'était rebellé contre la volonté du Dieu vivant, Dieu lui avait jeté des cieux vers la terre avec tout son pouvoir qu'Il lui avait donné.

A cela, il n'y a plus des relations entre Dieu et Satan le diable.

Par la ruse du diable, le péché est entré dans l'univers. Et le diable s'en est approprié. De ce fait, l'homme a été pris au piège et vouer à l'enfer.

Par la grâce glorieuse du Dieu vivant, à travers l'amour du Christ en comminons avec le Saint-Esprit, Il nous a libéré de cette emprise, en plus, il nous a fait sortir sous l'emprise (la domination) du diable et cela en découle de notre choix.

L'illustration de ce diagramme, veut nous montrer comment entre Dieu et le diable, il n'y a pas de connexion.

Et chacun d'entre eux cherche à gagner ses disciple à une seule différence ; car pour ceux qui croiront et feront la volonté du diable, leur sort sera l'état de feu, mais à tout celui qui agira selon la volonté du Dieu vivant, recevra le royaume des cieux.

Dans notre univers, tant de chose se mélange, mais disposés en deux, soit le bien ou le mal.

La vertu vient de la part du Dieu vivant, le mal provient du diable.

Dans la vie humaine, Dieu a ses serviteurs et le diable de même. Raison faisant qu'il y a dans l'homme le combat spirituel. Mais hélas! Il y a un grand nombre d'hommes qui ont approuvé de vivre sous les deux angles. Partant de plus petit au plus grand.

Il est vu que l'homme est l'hôte du bien et du mal sur cette terre. Et que c'est par nos choix que nous décidons de porter quel type de virus qui affectera notre corps et contageront les autres.

D'une part, nous vivons avec le péché (l'impudicité, la sorcellerie, etc.) et d'autre part les bienfaits (la vertu) deux choses contradictoires.

Les péchés apportent aux hommes le gout de faire le mal et de marcher selon la volonté du diable ; la vertu, nous évite le mal et nous mène droit au but dans les bras du Dieu vivant.

Connexion avec Dieu

Après avoir accepté le Christ comme sauveur, nous avons à notre disposition le Saint-Esprit qui nous guide jours et nuits.

Dans nos différentes conduites, outre dans nos travaux, services, etc.

Nous nous rendons compte que nous faisons des choses utiles au vu des autres, des œuvres, etc.

Dans ce stade, nous vivons dans un esprit de louange et d'adoration. En effet, on ne voit que Dieu et se grands prodiges en accomplissement dans notre vie de tous les jours. Lorsqu' on vit dans cette connexion divine, on se sent à chaque instant, vivre une vie sans peine au niveau spirituel.

Malgré cela, étant des étranger dans cette univers, nous subissons certaines attaques Sataniques et à ces sujet, nous sommes hais par le monde.

Tel qu'écrit dans la Bible ;

Si le monde nous hait, sachez qu'il m'a haï avant vous. Si vous étiez du monde, le monde aimerait ce qui est à lui ; mais parce que vous n'êtes pas du monde, et que je vous ai choisis de milieu du monde, à cause de cela le monde vous hait.

Souvenez-vous de la parole que je vous ai dite : le serviteur n'est pas plus grand que son maitre. S'ils m'ont persécuté, ils vous persécuteront aussi ; s'ils ont gardé ma parole, ils garderont aussi la vôtre. (Jean 15 :18-21)

Nous ne devons pas caché aux hommes la vérité. Car le royaume des cieux appartiennent aux audacieux. Outre, aux hommes qui auront résisté jusqu'à la fin de leur vie sur la terre tout en demeurant ferme dans la peine connexion avec le Dieu vivant.

Lorsque nous vivons dans l'amour du Christ, le monde ne concoure pas à notre faveur. Raison faisant que notre corps subisse des dangers néfastes liés à notre degré de croyance et tous cela, nous sommes apportés à les vaincre.

Mais beaucoup d'eux ne proviennent pas à résister à ces différentes tentations et tombes dans le piège de la double face chrétienne car ils ignorent que notre maitre, sauveur, enseignant a été haï, battu, outre subir toutes sortes de souffrances enfin que nous ayons une vie commune avec le Dieu vivant. Cela revient au point que Dieu veut que les hommes fassent appel à Lui.

Connexion avec le Diable

Le diable en a pris les faibles, les moins résistants, les hommes qui ont en eux le manque de la parole du Dieu vivant, ceux qui se sont laissés sous la domination du Diable.

Les hommes qui vivent dans la peur, ce sont ceux qui agissent à l'intérêt de leur père (le diable).

Bon nombre des hommes qui vivent sous la domination du diable, ignorent qu'un jour le monde aura sa fin. Satan les a trompé, car il n'aura jamais leur préciser son intérêt envers les hommes. Mais nous devons savoir que seul et unique intérêt de Satan est de voir un jour périr avec Lui dans l'étang de feu, à la fin du monde. Et lui et les hommes dans le feu qui lui est réservé.

Lorsqu'on vit sous cette emprise du diable, les hommes marchent dans un état où leurs yeux sont bandés, leurs oreilles sont bouchées,… de peur que, les ont les yeux pour voir mais ils ne voient pas, des oreilles pour entendre mais ils n'entendent pas.

Cette connexion avec le diable ne laissent pas le temps aux hommes de réaliser combien même Dieu est bon ni le temps de pouvoir comprendre les souffrances que Jésus-Christ a pu subir à notre place.

Mais aussi, ils ignorent que cette puissance qui a fait de miracle au calvaire peut les libérer de cette emprise.

Raison pour laquelle, certains cherchent à se détachés, mais ils n'ont plus le courage, et leurs esprits cherchent à rester connecter sous le cote de la double face. Or pour cela, ils concourent une vie éternelle des souffrances.

Interconnexion des hommes avec la vertu et le mal

D'une part, nous avons le Saint-Esprit d'autre part l'Esprit Satanique.

Devant un dilemme, nous avons du mal à prendre une décision ; nous manquons comment faire un choix.

Le choix, nous est toujours difficile à faire ; que ce soit devant quelques choses que l'on veut acheter (des habits, par exemple), lorsqu'un garçon ou une fille cherche son compagnon, le choix entre deux couleurs, etc.

Tous cela nous arrivent parce que, nous manquons de précision et en nous, il y a une insuffisance de décisions sérieuses à prendre tout au long de notre vie quotidienne.

C'est ainsi que, bon nombre des hommes se sont égarés et mélange les choses au point que le gout devient confis dans leur vie.

Ils ont du mal à distinguer ce qui est bon au mauvais.

Pourquoi donc ?

Cela se produit parce que, ils se sont laissés emportés par les vagues du monde ; ils ont plongés leur vie, leurs pensées à des histoires mondaines (péchés en gros).

Raison pour laquelle, ils ont du mal à laisser leur vie d'avant, ils se comportent de la même manière que celle d'avant tout en faisant semblant d'avoir changé. Et pourtant, leur cœur raisonne du mal. Ils se sont laisser dominer par le diable et ils ont fait un mélange de leur culture d'avec la vie chrétienne ; outre leur histoire du monde obscure de celui de la religion.

- Le syncrétisme

De par sa définition, en philosophie, on le définit comme étant : Système de philosophie Grecque qui faisait la synthèse des divers systèmes de pensées.

En religion : Rapprochement de divers cultes, fusion de divers doctrines religieuses.

En outre, Mélange d'opinion, des doctrines, de modes de pensées, etc., le métissage.

Il nous est très important de comprendre, les définitions des différents termes qu'on utilise en fait de pouvoir comprendre de quoi réellement nous sommes entrés de vouloir dire.

Pour ce qui est du système, ensemble d'éléments, des concepts reliés, organisés en une structure.

Le culte : Honneur que l'on rend à la divinité par des actes de religion soit de rite.

La doctrine : Maximes, opinion, notions, postulée vraie, qui permettent d'orienter l'action humaine et d'interpréter les faits ; ce que l'on croit ou qu'on enseigne.

Le manque de connaissance, rend le monde aveugle. Et lorsque nous nous mettions à pratiquer des choses auxquels nous ne connaissons pas leurs origines, ce delà que la plus part des erreurs surgissent dans nos vies et font à ce que, nous menons notre vie sous l'angle de la double face chrétienne c à d le mélange entre nos relations chrétiennes de celle du monde des ténèbres.

Dans Galates 2 :18-20, la Bible nous dit :

Car, si je rebâtis les choses que j'ai détruites, je me constitue moi-même un transgresseur, car c'est par la loi que je suis mort à la loi, afin de vivre pour Dieu. J'ai été crucifié avec Christ ; et si je vis dans la foi au fils de Dieu, qui m'a aimé et qui s'est livré lui-même pour moi.

La vie des hommes de Dieu, aujourd'hui même après avoir reçu la grâce du seigneur Jésus, enfin d'être appelé enfant de Dieu, ils n'ont pas abandonné leurs héritages démoniaques que leur a laisser leurs enceintes et aujourd'hui, ils les ont même emporté dans la vie de l'Eglise du Christ.

Les histoires culturelles qui jouent à la faveur du diable, ils les ont mis dans la vie de l'Eglise.

La perdition totale a pénétré dans la vie des chrétiens et vivent dans la double face chrétienne.

Les hommes après avoir reçu la victoire en Christ, ils n'ont cessé à rendre gloire à leurs puissances obscures. Car ils rebattent les choses que on leur avait interdire lorsqu'ils ont dû être prêché par les hommes du Dieu vivant.

Et aujourd'hui, il est vrai que, il y a des hommes qui ont refusé de lâcher leur culture obscure et continu dans leur pratique, et d'autres en ont laissé mais en cachette, ils pratiquent.

A cela, ils ont mélangé la religion chrétienne d'avec leur culture ; les croyances obscures.

Le diable a un joli plan pour détruire les hommes de Dieu, il leur a laissé cette opportunité de dire oui à la vérité divine tout en demeurant dans leur monde, leur croyance culture qui est contraire à celle de la vie chrétienne.

Pourquoi donc avons-nous du mal à laisser nos anciennes vies ?

Aujourd'hui tel que nous l'avions signalé signaler ci-haut que, c'est le manque des décisions essentielles dans nos vies qui font à ce que nous avons du mal à lâcher nous vies anciennes et de ne demeurer qu'avec celle menée en Christ.

L'apôtre Paul dit : Mais ces choses qui étaient pour moi des gains, je les ai regardées comme une perte, à cause de l'excellence de la connaissance de Jésus-Christ mon seigneur, pour lequel j'ai renoncé à tout, et je les regarde comme de la boue, enfin de gagner Christ, et d'être trouvé en lui, non avec ma justice, celle qui s'obtient par la foi en Christ, la justice qui vient de Dieu par la foi, enfin de connaitre Christ, et la puissance de sa résurrection, et la communion de ses souffrances, en devenant conforme à lui dans sa mort, pour parvenir, si je puis, à la résurrection d'entre les morts. (Phillipiens3 :7-11).

Quelle merveilleuse décision ? hélas!

- **la religion avec nos cultures**

Beaucoup des chrétiens outre les hommes de Dieu vivent leur vie chrétienne sous différentes formes. Ils ont mélangé leur vie d'avant avec celle du Dieu.

Lorsque Dieu fait appel à ses serviteurs, Il les éloigne de leur vie culturelle. A l'exemple d'Abraham notre père dans la foi, etc.

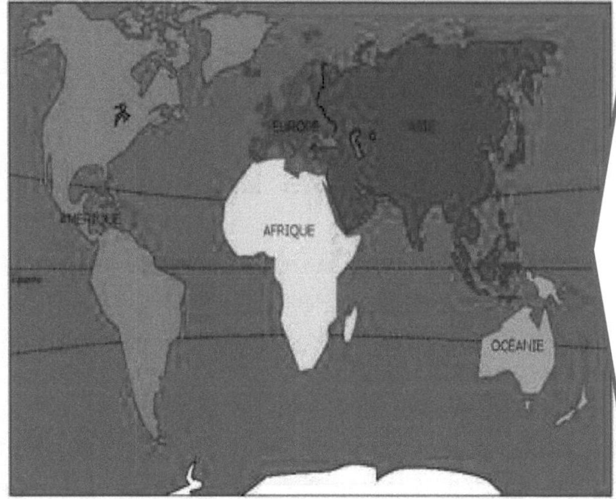

RACES
PAYS
TRIBUTS
ETHNIS
AUTRES
FACTEURS
Avec La
religion
CHRETIENNE

Lisons Actes 7 :2-3 ;

Etienne répondit : Hommes frères et pères, écoutez! Le Dieu de gloire apparut à notre père Abraham, lorsqu'il était en Mésopotamie, avant qu'il s'établit à Charran ; il lui dit : Quitter ton pays et ta famille, et va dans le pays que je te montrerai.

Voilà comment lorsque Dieu fait appel à quelqu'un, il lui ordonne à abandonner la vie du passé et d'entreprendre une nouvelle vie mais beaucoup des hommes auxquels Dieu fait appel à eux, ils ont fait semblant d'avoir laissé leurs héritages et de lui suivre. Malheur à eux car cela ne visible que devant les hommes.

Nos cultures de fois, nous conduit dans beaucoup de choses qui nous font perdre la grâce divine.

Notre père Abraham, avait compris que, pour faire ce qui est droit aux vus du Dieu vivant, nous devons faire ce qu'il nous a dit de faire, c à d, abandonner nos cultures pécheresses et ensuite suivre ses ordonnances.

Les quatre différentes races portent leurs cultures, or ces races habitent dans les cinq continents, en plus de cela, il y a des pays de part et d'autre de chaque continent, et dans les pays, il y a aussi des tributs ; subdivisées à son tour en différents ethnies, sans pour autant tenir compte des autres facteurs. Et tous ceux-ci, les hommes les ont mélangés à la Religion Chrétienne.

Il existe un certain nombre des hommes qui mènent cette vie en ignorance, suite à un manque des connaissances de la porale de Dieu, ou d'un mauvais enseignement de la part des hommes mal instruit.

De cela, le diable c'est infiltré dans les Eglises et continu à tromper beaucoup d'autres de ne pas se détourner de cette mauvaise vision du métissage de la bonne parole de celle de notre vie ancienne.

- **Les hommes et les péchés**

Une vie pleine des péchés ou les hommes vivent avec des actes irréfléchis.

Où donc sont venus les péchés ?

Dans le livre de Genèse 3 : 1-7, la Bible nous révèle la provenance du péché. Et aujourd'hui, les péchés abondent le monde. Les hommes sont pris aux pièges malgré, Christ les a libérés de cette emprise. Car toujours aveuglés par les ruses du diable, ils ont du mal de se rendre compte de leur perdition.

Les hommes se condamnent les uns les autres au lieu de chercher à vivre une vie de sainteté, remplit de l'amour de Jésus-Christ qui est mort sur la croix à cause de nos péchés mais aujourd'hui victorieux.

Les hommes ont rendu leur cœur dure au point ils ne sont plus apte à entendre les conseils des sages, ils n'ont plus du temps à lire la Bible, ils ont vendus leurs corps aux péchés.

Et ceux-ci, comportent des conséquences graves qu'ils ont du mal à comprendre. Car c'est de ces différents péchés que proviennent : les remords, le labeur, la douleur, l'affliction.

En outre, la terre a été maudite grâce aux péchés, et de ces mêmes péchés, nous trouvons une exclusion totale dans le royaume du ciel, et conduit à une mort corporelle voire éternelle.

L'objectif du Dieu vivant étant que nous soyons un jour devant LUI, dans une vie des bonheurs et éternelle.

Nous devons comprendre que depuis le commencement de la terre, jusqu'à aujourd'hui, Dieu ne veut que notre bonheurs, car la Bible nous parle de projet qu'il porte à notre égard.

Car je connais le projet que j'ai formés sur vous, dit l'Eternel, projet de paix et non de malheur, enfin de vous donner un avenir et de l'espérance. (Jérémie29 :11)

Changeons donc, et arrêtons de vivre sous des visages cachés hors de la lumière du Dieu vivant : La double face chrétienne.

Nous aurions encore bien des choses à vous dire, car cette façon de s'exprimer avec un papier et de l'encre cela ne serait pas facile. Car bien de fois nous nous trouvons dans un sens où on aimerait poser quelques questions à l'auditeur. Mes nous espérons pouvoir écrire ce qui est à notre pouvoir par la grâce du Dieu vivant.

Ce livre a été imprimé en .....

Dépôt légal : Année Mois

TABLE DES MATIERES

Printed by Books on Demand GmbH, Norderstedt / Germany